V&R

תולדות toldot

Essays zur jüdischen Geschichte und Kultur

Herausgegeben von Dan Diner

Band 4

Susanne Zepp
Natasha Gordinsky

Kanon und Diskurs

Über Literarisierung jüdischer Erfahrungswelten

Vandenhoeck & Ruprecht

Bibliografische Information der Deutschen Nationalbibliothek

Die Deutsche Nationalbibliothek verzeichnet diese Publikation in der Deutschen Nationalbibliografie; detaillierte bibliografische Daten sind im Internet über http://dnb.d-nb.de abrufbar.

ISBN 978-3-525-35093-5

Lektorat: Monika Heinker

Satz: Satzspiegel, Nörten-Hardenberg
Druck und Bindung: ⊕ Hubert & Co, Göttingen

Inhalt

Vorwort

»Identität« ist ein Schwundbegriff. Von ihm gehen Schwaden inflationärer Rhetorik aus. Erkenntnis ist ihm jedenfalls nicht eingeschrieben. Er vermag jedoch eine Leerstelle zunehmend sich einstellender Ungewissheiten in der Zuweisung von Zugehörigkeit zu bezeichnen. Dies umso mehr, als – von der Schmelze traditioneller Selbstverständnisse beeinträchtigt – vormals festgeschriebene Embleme und Symbole kollektiver Herkunft sich aufzulösen beginnen. Dies ist ein allgemeiner Befund und gewiss kein ausschließlich jüdisches Phänomen. Die vielstimmige Rede von und über Zugehörigkeit ist vielmehr universeller Ausdruck der Moderne. Dass sich seit dem Eintritt in die bürgerliche Gesellschaft auch und gerade Juden mit Fragen von Zugehörigkeit geradezu obsessiv befassten (so wie ebensolche Fragen mit ihrem Bilde verknüpft wurden), ist nicht zuletzt ihrer paradoxen, sich enigmatisch auswirkenden *conditio* geschuldet – nämlich der Zugehörigkeit von Nichtzugehörigkeit. Indes ist diese »jüdische Frage« weniger jüdisch als sie erscheint. In der Moderne ist sie *die* Frage eines jeden an sich selbst.

In der Moderne franst die vormals vorgegebene und festlegende Bestimmung von Zugehörigkeit aus. Lange Zeit stellte das Judentum seines sakralen Kerngehaltes wegen einen in sich geschlossenen, vornehmlich religionsgesetzlich sanktionierten, rituell agierenden Korpus dar. Im frühen 19. Jahrhundert verliert dieser zunehmend an Kontur. Dies gilt auch für die sich jüdisch-kollektiv ethnifizierenden Judenheiten des östlichen Europa – vor allem aber für die Existenzerfahrung von Juden im individualisierenden europäischen Westen. Das sich dem jüdischen Kollektiv und seinen sakralen Anteilen entfremdende Individuum erfährt sich gleichsam als schwebend. Und derart abgelöst begibt es sich auf die Suche nach dem eigenen Selbst. Diese Suche trägt bei zur Patina moderner Kultur. Sie findet ihren Niederschlag in einem ausgeprägten Erkenntnisstreben, den davon angestoßenen Denkformen und schließlich im literarisch gestalteten Text. Gerade dort, im literarischen Text, gibt sich ebenjene Suchbewegung künstlerischen Ausdruck. So vermögen im Medium der Literatur Imagination und Phantasie die im Zustand der Auflösung befindlichen lebensweltlichen Grenzziehungen noch weiter hinauszutreiben.

Die Suche nach sich selbst, vor allem die damit einhergehende Trauer um verlustig gegangene Anteile kollektiver Zugehörigkeit ist »jüdisch« insofern, als sie sich auf die Spur der Frage nach der Auflösung essentialistischer Herkünfte begibt. Sie wird ubiquitär und ist damit universell. Ebendieser Frage gehen Susanne Zepp und Natasha Gordinsky nach, wenn sie anhand von vier literarischen Texten aus der zweiten Hälfte des vergangenen Jahrhunderts die literarische Entgrenzung des »Jüdischen« thematisieren. Dass diese Entgrenzung in verschiedenen Sprachen und vor dem Hintergrund unterschiedlicher kultureller Erfahrungsräume erfolgt, beeinträchtigt die ihnen eingeschriebene Gemeinsamkeit nicht. Im Gegenteil: es bestätigt sie.

Dan Diner Herbst 2008

Einleitung

Dieser Essay sucht die Poetik der Literarisierung jüdischer Erfahrungswelten anhand von vier zeitgenössischen Romanen zu beschreiben. Sein Anspruch ist bescheiden. Er versteht sich jedenfalls nicht als ein weiterer Beitrag zur Definition dessen, was als jüdische Literatur verstanden werden kann, sondern er wirft einen Blick auf die literarische Verarbeitung unterschiedlicher Konstruktionen jüdischer Zugehörigkeit. In diesem Diskursfeld gibt es jenseits des Nachdenkens über die Herkunft des Autors oder der Autorin indes nur wenige Ansätze, systematische Überlegungen zu den Vorstellungen über jüdische Zugehörigkeit mit dem Status des Literarischen zu verknüpfen. So hat Michael P. Kramer unlängst gar versucht, das Konzept von *race* für eine Bestimmung nutzbar zu machen, was dem Korpus der jüdischen Literatur als zugehörig erachtet werden soll und was nicht. Sein Zugang kritisierte vor allem die pluralistische Ausweitung des Blicks auf den Gegenstand als bloße Ausweichstrategie, um sich nicht den Folgen einer konsequenten Definition stellen zu müssen. Dem wäre entgegenzuhalten, dass eine in literarischen Texten repräsentierte und imaginierte jüdische Zugehörigkeit nichts a priori Gegebenes ist, sondern in der je spezifischen narrativen Situation konstruiert wird. Aus ebendiesem Grunde will dieser Essay auch keinen Beitrag zu einer neuerlichen Etablierung eines Kanons jüdischer Literatur leisten. Vielmehr hat uns einer der methodologischen Vorschläge in Dan Mirons Essay *Verschränkungen. Über jüdische Literaturen* zu unserem Vorgehen ermutigt. So verstehen wir die vier ausgewählten zeitgenössischen Romane, die im Zentrum unserer Darlegungen stehen, ganz im Sinne Mirons als solche Texte, die im literarischen Feld vorrangig gerade nicht Kanonisierung beabsichtigen, sondern Diskursivität zum Gegenstand haben. Es geht also nicht um Abschluss, sondern vielmehr um Austausch. Mithin wird in diesem Versuch Kanon als die Konstruktion einer intertextuellen Dimension aufgefasst. Dies soll an den vier Romanen expliziert werden. Was als jüdische Erfahrung verstanden werden soll, entsteht erst durch das Gewebe spezifischer diskursiver Bezüge im fiktionalen Raum.

Ein Großteil der Ansätze, das Feld der jüdischen Literatur einzugrenzen, gründete auf einer Analyse modernistischer Prosa. Hierbei handelte es sich um Werke, die für einen Kanon jüdischer Literatur als grundlegend erachtet wurden, wie zum Beispiel jene von Franz Kafka, Isaac Bashevis Singer, Bernard Malamud, Isaak Babel oder Schmu'el Josef Agnon. Den Absichten der Formierung eines in sich konsistenten Kanons jüdischer Literatur lag wesentlich ein traditionell religiöses, später auch ein ethnisches Verständnis jüdischer Zugehörigkeit zugrunde.

Für unsere Interpretation des Gegenstandes indes haben wir solche – und in sich unterschiedliche – Romane ausgewählt, die wesentlich eine jüdische Zugehörigkeit jenseits essentialistischer Vereinnahmung thematisieren. Versteht man kulturelle Zugehörigkeit etwa im Sinne Stuart Halls als Ausdruck eines Prozesses von Erfahrung, in dem vor allen Dingen Momente von Diskontinuität und Bruch aufgefangen und thematisiert werden, können die für unseren Essay exemplarischen Romane als poetische Versuche gedeutet werden, jüdische Zugehörigkeit jenseits der konkreten Herkunft als literarische Repräsentation zu konstruieren.

Es handelt sich hierbei um folgende Werke der Gegenwartsliteratur: Yoel Hoffmanns 1991 in hebräischer Sprache veröffentlichter Roman *Christus shel dagim* (»Christus der Fische«), der russischsprachige Roman *Medea i eë deti* (»Medea und ihre Kinder«) von Ljudmila Ulizkaja aus dem Jahre 1997, Barbara Honigmanns deutschsprachiger Briefroman *Alles, alles Liebe!* (2000) und der 2001 veröffentlichte spanischsprachige Roman *Sefarad – una novela de novelas* (»Sepharad. Ein Roman voller Romane«) von Antonio Muñoz Molina. Die Textzitate werden in den deutschen Übersetzungen wiedergegeben, die Anne Birkenhauer für Yoel Hoffmanns Text, Ganna-Maria Braungardt für *Medea i eë deti* und Willi Zurbrüggen für den Roman von Antonio Muñoz Molina besorgt haben.

In der Diskussion dieser Texte ist eine sorgfältige Unterscheidung der einzelnen Erzählebenen für das Argument von herausragender Wichtigkeit. Für unsere Interpretation ist die Abgrenzung von Erzähler, implizitem Autor und realem Autor von nicht zu unterschätzender Bedeutung. Die impliziten Autoren der Romane werden in einem Prozess konstruiert, der sich einem unmittelbaren Verständnis der Werke als jüdische Literatur eigentlich widersetzt. Während jeder der Texte Protagonisten jüdischer Herkunft darstellt, verfügen die impliziten Autoren – im Gegensatz zu ebenjenen oder sogar zu den realen Autoren – über keine bestimmte, kollektiv zugewiesene Herkunft.

Der Briefroman von Barbara Honigmann stellt die Verwerfungen jüdischen Lebens in der DDR der siebziger Jahre dar und deutet das berufliche und persönliche Scheitern der Protagonistin vor dem Horizont ihrer als besonders erfahrenen Herkunft. Dieser Text reflektiert ein politisches *und* ein ethnisches Verständnis von Zugehörigkeit, aus diesem Grund steht er am Anfang unserer Darlegungen. Darauf folgt die Behandlung von Ljudmila Ulizkajas epischem Roman *Medea und ihre Kinder*. Er handelt in der Spätzeit der Sowjetunion, auf der Halbinsel Krim, vorwiegend im Haus der Hauptfigur Medea Mendez. Aus der Transformation des Medea-Mythos entsteht eine Gegenwelt, die Welt der Familie Medeas, in der die im sowjetischen System geltende Logik einer stets ethnisch definierten Zugehörigkeit aufgelöst wird. Die Entscheidung, für diesen Essay einen Text der israelischen Literatur, Yoel Hoffmanns *Christus der Fische*, heranzuziehen, ist im Hinblick auf die europäische Perspektive unseres Vorhabens zu kommentieren: Der Text bezieht sich ausgesprochen auf europäische literarische Traditionen. Er erzählt eine jüdische Familiengeschichte von Einwanderern aus österreichisch-ungarischen Ländern nach Palästina. Dieser Roman befasst sich explizit mit der Konstruktion jüdischer Zugehörigkeit. Die Auswahl beschließt Antonio Muñoz Molinas Roman *Sepharad*. Dort werden die Schicksale fiktiver mit denen historischer Figuren verwoben. Jede der in den siebzehn Kapiteln enthaltenen Geschichten verknüpft sich an einem bestimmten Punkt der Erzählung mit einer anderen. Der Roman schlägt vor, jüdische Erfahrung als konstitutiv für eine allgemeine Geschichtserfahrung im 20. Jahrhundert zu verstehen.

Dass wir es bei diesen vier, europäische Erfahrungen spiegelnden Autoren belassen haben und nicht auf etwa amerikanische Literarisierungen jüdischer Erzähltradition rekurrieren, ist unserem jeweiligen Arbeitsgebiet geschuldet. Unser Dialog zwischen Leipzig und Jerusalem – ein Gespräch, in das unsere akademischen Lehrer Dan Diner, Carola Hilfrich und Joachim Küpper und auch unsere Freunde einbezogen waren –, war eine Bedingung, einen ersten tentativen Schritt hin zu einer Poetik der Repräsentation jüdischer Zugehörigkeiten zu machen.

Grenzen des Verstehens

In Barbara Honigmanns im Jahr 2000 erschienenem Roman *Alles, alles Liebe!* wird jüdische Zugehörigkeit ethnisch verstanden, ihre Darstellung ist unauflösbar mit dem Politischen verbunden. Die von Honigmann dargestellten politischen Realitäten der DDR der siebziger Jahre zwingen die Figuren des Romans, sich unaufhörlich mit einem ethnischen Verständnis ihrer Herkunft auseinanderzusetzen. Zugleich ist ihnen das Sprechen über politische Fragen fast nie unmittelbar möglich.

Die Lebensbedingungen jüdischer Intellektueller in der DDR werden in diesem Briefroman in beständigem Bezug auf den klassischen deutschen Kanon reflektiert. Diese Texte werden benutzt, um in der Form des Literarischen eine politische Frage zu stellen: die Frage nach den Möglichkeiten und Bedingungen jüdischer Existenz in Deutschland.

»Der liebe Vaterlandsboden giebt mir wieder Freude und Leid.« Der eine fundamentale Ambivalenz zum Ausdruck bringende Beginn von Hölderlins *Hyperion* erscheint wie ein Motto für Barbara Honigmanns Briefroman, und tatsächlich enthält er eine Fülle inhaltlicher wie formaler Bezüge auf diesen Schlüsseltext der deutschen Klassik. In Honigmanns Text werden Bedingungen und Brüche des jüdischen Lebens in der DDR der siebziger Jahre literarisiert. Die Autorin hat hierfür den Briefroman – ein Textmuster des 18. Jahrhunderts – als literarischen Bezugspunkt gewählt, von dem aus die Geschichte der Juden im östlichen Teil Deutschlands erzählbar wird. Aus dieser Form heraus entsteht durch die Verkürzung der Erzähldistanz eine besondere narrative Situation.

Die Protagonistin des Romans ist Anna Herzfeld, ein Kind jüdischer Emigranten, die nach 1945 zur Gründerelite der späteren DDR gehören. Die junge Regisseurin verlässt zu Beginn des Romans Ostberlin, um in der brandenburgischen Kreisstadt Prenzlau eine Inszenierung am dortigen Theater zu leiten. Der Roman gibt ihre Briefe an die Freundin Eva wieder, die als Schauspielerin ebenfalls in der Provinz arbeitet und auch aus einer Familie jüdischer Remigranten stammt, ebenso jene, die sie anderen engen Freunden, ihrem Geliebten Leon und ihrer Mutter schreibt; die Antwortbriefe werden gleichfalls wiedergegeben. Zudem erhält Anna Briefe von Freundinnen aus Moskau und Jerusalem. Anna ist somit Ausgangs- und Anlaufpunkt einer weitgespannten Korrespondenz. Die verschiedenen Perspektiven der jeweiligen Briefschreiber sichern dem Roman eine Vielfalt von Wirklichkeitsansichten, dennoch haben fast alle denselben Vermessungspunkt: den Vorbehalt gegen das Regime. Es sind vier Bereiche, um die sich die Korrespondenz dreht: um jüdische Herkunft, um das Theater im Zugriff des Kunstdogmas, um die künstlerische Arbeit eines kleinen Kreises junger Intellektueller in Berlin, der eine Privataufführung von García Lorcas *La casa de Bernarda Alba* vorbereitet, und um die Zerrüttung der Liebesbeziehung zwischen Anna und Leon.

Die Unmittelbarkeit der ästhetischen Erfahrung, die das Genre Briefroman durch die Fiktion des Autobiographischen zu erzeugen vermag, die beständig sich ändernden Erzählperspektiven und der Wegfall einer distanzierenden Autorenstimme machen diesen Text zu einem eindringlichen Generationenporträt von einem Land, das es nicht mehr gibt. Die literarische Form des Briefromans ermöglicht aber zugleich eine semantisierende Darstellung der jüdischen Geschichte der DDR. Es sind vor allem zwei Referenztexte des Genres, auf die sich der Text immer wieder bezieht – Goethes *Werther* und, wie bereits gesagt, Hölderlins *Hyperion.* Über den intertextuellen Bezug werden nicht nur die Welterfahrungen einer jüdischen Romanfigur, sondern insgesamt die historischen Bedingungen jüdischer Intellektueller der »zweiten Generation« in der DDR nachvollzogen.

Werther als Paradigma

Es war nicht zuletzt der offiziell gepflegte geistig-kulturelle Bezug der DDR auf den klassischen deutschen Kanon, der für die Rückkehr der ersten Generation von Juden nach der Katastrophe in das ›andere‹ Deutschland den Ausschlag gegeben hatte. Diese kosmopolitisch gebildeten, säkularen Intellektuellen, die einem deutschen Staat vertrauten, der im Zeichen des Goethe-Jubiläums 1949 gegründet wurde, hatten zugleich auch das häufig so antagonistische deutsche Verhältnis von Geist und Macht im Sinn, und sie suchten sie im neuen Deutschland zu versöhnen. Doch das Versprechen des Universalen wurde im realen Sozialismus nicht eingelöst, zumal nicht für die Kinder der Rückkehrer, und am Ende der jüdischen Geschichte in der

DDR stand für die »zweite Generation« eine markante Partikularisierung jüdischen Selbstbewusstseins. Diese Ambivalenzen münden bei Barbara Honigmann mittels komplexer intertextueller Bezüge in ein Nachdenken über die Möglichkeiten, die jüdische Geschichte der DDR in die literarische Form zu überführen.

Die erste und wichtigste Entscheidung der Autorin war es, den Briefroman als Struktur zu wählen. Im Abschnitt über den Brief in Roland Barthes' *Fragments d'un discours amoureux* ist die besondere Dialektik des Liebesbriefs als eines Textes, der Innerlichkeit und Subjektivität überträgt und zugleich herstellt, an einem der prägenden deutschsprachigen Texte der Gattung veranschaulicht, an *Die Leiden des jungen Werther* (1774). Goethes Roman, der zur Zeit seines Erscheinens heftig umstritten war, gehört längst zum klassischen deutschen Kanon; es fällt jedoch auf, dass diese Kanonisierung in Ost und West unter unterschiedlichen Vorzeichen erfolgte: In der DDR galt die Figur des Werther als Prototyp des Revolutionärs, als Künder der Idee eines neuen Menschen. In der Rezeptionstradition der Bundesrepublik standen eher die »Selbstverwirklichung« der Hauptfigur und die Absolutsetzung von Schönheit in Natur und Kunst im Vordergrund. 1976 hat Ulrich Plenzdorf dann die Heldendeutung des Werther in der DDR in *Die neuen Leiden des jungen W.* demontiert. In Honigmanns Briefroman indessen ist es vor allem das Thema der verzweifelten und scheiternden Liebe, das in komplexen Rückbezügen auf Goethes Roman das Schicksal der Hauptfigur Anna prägt.

Für Barthes ist Goethes Roman insofern paradigmatisch für die Textsorte, als aus seiner Sicht mit ihm der moderne Liebesdiskurs im Spannungsfeld von Liebe und Kunst beginnt. Im Brief vom 26. Mai (Erstes Buch) schreibt Werther:

»Ein junges Herz hängt ganz an einem Mädchen, bringt alle Stunden seines Tages bei ihr zu, verschwendet alle seine Kräfte, all sein Vermögen, um ihr jeden Augenblick auszudrücken, daß er sich ganz ihr hingibt. Und da käme ein Philister, ein Mann, der in einem öffentlichen Amte steht, und sagte zu ihm: ›Feiner junger Herr! Lieben ist menschlich, nur müßt Ihr menschlich lieben! Teilet Eure Stunden ein, die einen zur Arbeit, und die Erholungsstunden widmet Eurem Mädchen. Berechnet Euer Vermögen, und was Euch von Eurer Notdurft übrig bleibt, davon verwehr' ich Euch nicht, ihr ein Geschenk, nur nicht zu oft, zu machen, etwa zu ihrem Geburts- und Namenstage‹ etc. – Folgt der Mensch, so gibt's einen brauchbaren jungen Menschen, und ich will selbst jedem Fürsten raten, ihn in ein Kollegium zu setzen; nur mit seiner Liebe ist's am Ende und, wenn er ein Künstler ist, mit seiner Kunst.«

In Honigmanns Roman spricht eine weibliche Romanfigur, die von einem bereits gebundenen Mann – Annas Geliebter Leon ist verheiratet – eine Liebe fordert, die genauso bedingungslos ist wie die Liebe in Werthers Weltsicht. Zugleich gilt für Anna auch Werthers Engführung von künstlerischem Schaffen und allumfassender Liebe: »Wenn ich einen liebe, will ich ihm nämlich gleich alles hintragen und alles verschenken. Gleich so viel Überschwang, Anna! sagt meine Mutter dann immer. Aber ich liebe Dich doch. [...] Herzrasen, Katastrophe, Tornado, Erdbeben und Sturmflut von Sehnsucht und Liebe. Aber weißt Du, Leon, komisch, in dieser Naturkatastrophe fühle ich mich selbst plötzlich so gewaltig und groß und extraordinär und außernormal! Bis ich dann wieder in das kleine, banale, ordinäre Leben zurückgeschleudert werde, von dem man mir einreden will, es sei das ›normale‹.«

Anna Herzfeld ist als romantische Figur modelliert, die dem Primat des Gefühls folgt und für die das individuelle Erleben auch Prinzip ihrer intellektuellen und künstlerischen Existenz ist. Dies bereitet ihr große Schwierigkeiten bei der »Einfügung in das sozialistische Kollektiv«. Immer wieder stoßen die romantischen Ideale Annas an die von den politischen Umständen gesetzten Grenzen: Nach der UNO-Resolution von 1975, in welcher der Zionismus »als Form des Rassismus und der rassischen Diskriminierung« verurteilt wurde, eskaliert die ohnehin schwierige Situation. In einem Brief an Eva berichtet Anna von einer Betriebsversammlung im Theater, auf der sämtliche Prenzlauer Theaterkollegen einhellig die Meinung äußerten, dass »Israel ein Apartheidsstaat mit reaktionär-volksfeindlichem Charakter« sei. Im Gewand des linken Antizionismus, so Anna, nähere sich der Antisemitismus:

»Eva, Du kannst Dir nicht vorstellen, was ich für eine Wut hatte, wollte rumbrüllen, Arschlöcher, Schweine, Nazis, habe aber bloß meinen Kopf eingezogen, immer weiter in mich hinein, den Kopf hängen lassen, habe fast geheult, wollte zu meiner Mum, wollte nach Hause, wenn ich wüßte, wo das ist, und dann mußte ich gähnen, habe gegähnt, den Mund aufgerissen, konnte mich nicht mehr halten vor Gähnen, eine Gähnorgie, und es fällt mir jetzt, wo ich das schreibe, ein, daß Baudelaire gesagt hat, gähnen heißt, die Welt verschlucken.«

Der gähnende Protest hat Konsequenzen, denn er gilt als letzter Beleg dafür, dass Anna die Anforderungen an eine »sozialistische Leiterpersönlichkeit« nicht erfüllt. Durch eine kaderpolitische Maßnahme wird ihr die Verantwortung für die Regiearbeit ihrer Inszenierung entzogen.

Kurz darauf zerbricht die Liebesbeziehung zwischen Anna und Leon, aus völlig banalen Gründen: Da seine Frau ihm mit einer Scheidungsklage droht, entscheidet Leon, dass es am einfachsten und zugleich am besten sei, in die Welt seiner Frau zurückzukehren. Doch um einen Gefallen bittet Leon Anna dennoch – sie soll ihm Kontakt zu einem Freund ihrer Mutter aus Wien herstellen: er möchte ein Buch von Georg Heym verkaufen, das der Dichter seiner Geliebten Hildegard Krohn gewidmet hatte; handschriftliche Korrekturen und Ergänzungen machten seinen besonderen Wert aus. Als Anna ihm dies verweigert, bricht ein Hass aus Leon heraus, der weit über die Enttäuschung in dieser Angelegenheit hinausgeht. Barbara Honigmann inszeniert hier zwei einander widersprechende Perspektiven:

Nachdem Anna die eine Dimension der Werther-Figur repräsentiert, die individuelle Empfindung, die aus der Alltäglichkeit hervorhebt, stilisiert Leon sich nun als den anderen Pol von Werthers Existenz, den des verzweifelten Selbsthasses angesichts der eigenen Unfähigkeit, Empfinden in künstlerischen Ausdruck umzusetzen. Sein Versagen begründet Leon jedoch nicht mit eigenem Unvermögen, sondern er gibt die Schuld an den Verhältnissen im Land den Eltern von Anna und ihren Freunden. Damit verrät Leon nicht nur die Liebe Annas, sondern artikuliert über die politischen Machtverhältnisse im Sozialismus eine antisemitisch aufgeladene stereotype Vorstellung, die im kollektiven Gedächtnis der DDR Konjunktur hatte. Dies kulminiert im Abschiedsbrief Leons zu einer Hasstirade auf Anna, ihre Freunde und deren Eltern:

»Ich werde Dir jetzt noch was sagen, was Dir nicht gefallen wird, auch auf die Gefahr hin, daß Du es ganz falsch verstehst. Dein ganzer Freundeskreis, Eva und Alex allen voran, gehen mir nämlich auf die Nerven, Dein ›jüdischer Kreis‹, Deine Theatertruppe und das Philosophenkleeblatt aus dem ›Espresso‹, die drei bescheuerten Peter mit Stefan. Ihr fühlt euch als irgendeine Elite, und ich habe bis heute nicht verstanden, woraufhin eigentlich. Werke habt ihr nicht vorzuweisen, und besondere Tapferkeit in irgendeiner Sache habt ihr auch nicht bewiesen. In Deinem jüdischen Kreis stellt ihr euer Jüdischsein heraus und kokettiert damit. Ihr seid aber bloß eingebildete Juden, denn ihr seid deutsch bis auf die Knochen, gerade darin, daß ihr euch so gerne als Anwohner von Jerusalem seht. Eure Eltern sind Bonzen und Funktionäre, die dieses Scheißland zu verantworten haben, in dem ihr euch so unglücklich fühlt.«

Dies ist die Reaktion Leons auf die Selbstverständlichkeit, mit der Anna in ihrer Absolutsetzung des Gefühls ein Ideal der deutschen Romantik für sich und ihre Freunde in Anspruch nimmt: Er fordert diese Bezugnahme in einer paradoxen Übernahme für sich selbst, indem er in Anklängen an die dunkle Seite des Werther-Syndroms seinen Narzissmus und die Banalität seiner Existenz zu überschreiben sucht. Die Stilisierung Leons zur tragischen Werther-Figur, der sich für seine Geliebte opfert, endet in der Darstellung seines Selbstmordversuchs, den er schwer verletzt überlebt. Die zitierte Passage ist doppelt kodiert: In der antisemitischen Zuschreibung verweist die Passage auf den Kern des Romans. Jenseits der verzerrenden Formulierung stellt sich hier die Frage, was jüdische Zugehörigkeit in der DDR bedeutet.

Hyperions politisches Vermächtnis

Barbara Honigmann aktualisiert in ihrem Roman nicht nur in Form und Inhalt Goethes *Werther*, sondern greift auch auf den politischen Diskurs in Friedrich Hölderlins *Hyperion* zurück. Jener in den Jahren 1797 bis 1799 in zwei Bänden erschienene Text hatte – neben der Liebe – vor allem die Utopie einer neuen Gesellschaft zum Thema und war ebenfalls als Briefroman angelegt. Der Grieche Hyperion schreibt an seinen deutschen Freund Bellarmin von der Liebe und vom Krieg, dem Aufstand der Griechen gegen die Türken im Russisch-Türkischen Krieg. Zugleich ist der Text eine Reflexion über das Vaterland des Dichters, in der die deutsche Antikenbegeisterung als rückwärtsgewandte Sehnsucht nach einem verlorenen Ideal erscheint. Darauf hatte bereits Friedrich Nietzsche im Jahr 1861 in einem Brief an einen Freund hingewiesen, als er diesem die Lektüre Hölderins empfahl: Im *Hyperion* schleudere der Dichter scharfe und schneidende Worte »gegen das deutsche ›Barbarentum‹«. Dennoch sei diese Abscheu vor der Wirklichkeit mit der größten Vaterlandsliebe vereinbar, die Hölderlin auch wirklich in hohem Grade besessen habe. Dieser von Nietzsche beschriebene paradoxe Impuls ist auch in den Bezügen zum *Hyperion* erhalten, die in Barbara Honigmanns Briefroman eingegangen sind. Vor allem der vorletzte und der letzte Brief Hyperions (2. Band, 2. Buch) an Bellarmin klingen in den Reflexionen der Hauptfigur Anna über die Möglichkeit eines Lebens in Deutschland immer wieder an.

Die Spannung Hyperions zwischen dem Wunsch, sich mit seiner Geliebten Diotima ins private Leben zurückzuziehen, und dem Streben nach Umgestaltung der Verhältnisse führte in die Katastrophe: Die Geliebte und der Freund, mit dem er die Veränderungen herbeiführen wollte, sterben, Hyperion bleibt gebrochen zurück. Honigmanns Blick auf das Ostdeutschland der siebziger Jahre ähnelt Hölderlins Bilanz. Das jüdisch-deutsche Miteinander ist ebenso eine untergegangene Epoche wie das antike Zeitalter der Einheit von Natur und Kultur. Eva, die beste Freundin Annas, schreibt in einem Brief:

»Ich glaube, unsere Eltern sind in Wirklichkeit nie aus ihrem Exil zurückgekehrt, und alles, was sie sich eingeredet haben über ›Neuaufbau‹ und ›Neubeginn‹ in der alten Heimat, war ein noch größerer Selbstbetrug als ein ›beginning anew‹ in den Ländern des Exils, in England, Amerika oder Südafrika, wo wenigstens ihre Kinder vielleicht eine Chance haben werden. Ich habe oft gehört, daß die Rabbiner nach der Vertreibung der Juden aus Spanien eine Rückkehr in dieses Land für alle Zeiten verboten haben, und diese Entscheidung finde ich einleuchtend und vernünftig, weil es sozusagen das Gebot ist, du sollst dir keine Illusionen machen. Wenn die Gojim, wie so oft, glauben, sich unbedingt von uns trennen zu müssen, ist diese Trennung dann immer gewaltsam und irreparabel, und beide, die Juden und die Gojim, gehen aus dieser Trennung verstümmelt hervor. Eine Verstümmelung mag nach fünfhundert Jahren etwas weniger schmerzen, aber heilen können Verstümmelungen nicht. Das abgehackte Bein wächst ja bekanntlich nicht nach.«

Es ist nicht nur – aber vor allem – der letzte Brief von Honigmanns Roman, in dem die Hauptfigur Anna von ihrer Flucht nach Moskau nach dem Selbstmordversuch Leons berichtet, der jenes Oszillieren von Abschied und Versöhnung evoziert, das auch den letzten Brief Hyperions kennzeichnet. In jenem Schreiben Annas ist es die übernommene Form, vor allem in der offenen Schlussformel »Alles, alles Liebe, bis bald!«, in der die Spuren von Hyperions »›... und einiges, ewiges, glühendes Leben ist Alles.‹ So dacht ich. Nächstens mehr.« aufscheinen. Eine Freundin Annas, Ilana, berichtet in mehreren Briefen von ihrer Auswanderung aus der Sowjetunion nach Israel. Für Anna als säkulare Intellektuelle kommt dieser Schritt kaum in Frage, auch wenn sie immer wieder über ihrem Leben im Osten Deutschlands verzweifelt:

»Eva, wir hängen in dieser deutschen Provinz rum, Männer und Kinder haben wir nicht, immer nur Zweifel und Fragen, lachen immer an der falschen Stelle, und alles, was wir haben, ist nur eine jüdische Nase und einen jüdischen Namen und eine Familiengeschichte, die zu Nase und Namen dazugehört, und das kommt mir so festgelegt und vage zugleich vor, so wie eine scharfe Kontur, die im Innern leer bleibt. Vielleicht ist das eher der magische Kreis, von dem Börne spricht, man kommt nicht heraus, aber innen ist er hohl. Ilana dagegen hat einfach gesagt, jetzt gehe ich nach Israel, denn dort ist mein Platz.«

Der Konflikt zwischen poetischem Empfinden und politischem Handeln, der mit der Aktualisierung des Hölderlinschen Textes in die späten siebziger Jahre des 20. Jahrhunderts übertragen wird, wird damit zugleich aus dem Bereich der romantischen Imagination in die Autoreflexion überführt. In der Formulierung von der »scharfen Kontur, die im Innern leer bleibt«, hallen die Aporien einer ethnischen Definition von Zugehörigkeit wider.

Reflexionen über die Wahl zwischen revolutionärer Umwälzung der Verhältnisse und dem Rückzug des Einzelnen ins Private bestimmen sowohl die Briefe Hyperions als auch diejenigen des Romans von Honigmann, beide beantworten die Frage nach der richtigen

Entscheidung zwischen diesen beiden Polen im Leben mit der nämlichen Resignation. Hyperion schreibt im letzten Brief: »Ich wollte nun aus Deutschland wieder fort. Ich suchte unter diesem Volke nichts mehr, ich war genug gekränkt, von unerbittlichen Beleidigungen, wollte nicht, daß meine Seele vollends unter solchen Menschen sich verblute.« Bei Honigmann heißt es analog hierzu – und dabei auch den Eingangssatz des *Werther* zitierend (»Wie froh bin ich, daß ich weg bin!«) – in einem Brief von Anna, als sie am Ende des Romans nach Leons Selbstmordversuch Deutschland Hals über Kopf verlässt:

»Ich wollte weit weg sein. Weit weg von Prenzlau und weit weg von dem Krankenhaus, in dem Leon liegt, nicht richtig tot und nicht richtig lebendig, und obwohl ich auch meine Bernarda-Truppe im Stich gelassen habe, mußte ich losfahren. [...] Seit ich in Prenzlau alles hingeschmissen und von Leons Selbstmordversuch erfahren habe, ist mir jeder Gedanke und Wunsch abhanden gekommen, außer dem, weit weg zu sein.«

Eine Art Spiegelwelt

Jene Zerrissenheit, die Hyperion in Deutschland diagnostiziert hatte, betrifft in Honigmanns Roman in der Anverwandlung alle Figuren, und sie macht auch die Eigenart des Textes beschreibbar. Am Schluss der Lektüre stehen zwei mögliche Perspektiven auf den Roman, die in ihrer Gleichzeitigkeit dessen Besonderheit ausmachen: Zum einen erlaubt die narrative Situation des Briefromans in ihrer konstruierten Unmittelbarkeit und Intimität die Teilhabe des Lesers am Schicksal Annas. Doch in dem Moment, in dem man aufgrund dieser Nähe glaubt, die Erfahrungen der Hauptfigur nachvollziehen zu können, sind immer wieder Textteile eingefügt, die dies zu verhindern suchen und in denen die jüdische und die universale Erfahrung der DDR als völlig unterschiedlich dargestellt werden. Annas Erlebnisse sind zwar für den Leser nachvollziehbar, aber der Text sperrt sich gegen eine Identifikation mit der Hauptfigur – es sei denn, man teilt deren Geschichtserfahrung.

Die Briefteile von *Alles, alles Liebe!* enthalten Dialoge und Monologe und nähern sich so immer wieder aus verschiedenen Perspektiven den unmittelbaren Sprachformen des Dramas bzw. des Theaters, das beruflicher Bezugspunkt fast aller Personen ist, die im Roman aufeinandertreffen. Die Aufführung von Federico García Lorcas *La casa de Bernarda Alba* rückt dabei immer wieder als Stück im Stück ins Zentrum. Diese in den Roman integrierte Lektüre von García Lorcas Drama legt dem Leser weder eine deutsche noch eine ostdeutsche Frage vor, sondern eine jüdische: *La casa de Bernarda Alba* fungiert in dem Text als Parabel auf das DDR-Regime als eine abgeschlossene Welt des kaum sublimierten Antisemitismus. In einem Brief an ihre nach Israel ausgewanderte Freundin Ilana bringt Anna die Ambivalenzen der DDR-Führung auf den Punkt:

> »Eine offen judenfeindliche Haltung würden sie hier nicht wagen, und wenn sie den Zionismus noch so sehr zum Rassismus deklarieren. Daß wir in Deutschland leben, schützt uns jetzt paradoxerweise, und auch die gewisse Prominenz unserer Eltern in diesem Lande; ihre antifaschistische Vergangenheit, die ja der erlogene Gründungsmythos dieses Landes ist, bewahrt uns vor Zudringlichkeiten.«

Das erstickende Dasein in García Lorcas Stück, die beklemmende Eingeschlossenheit der Töchter im elterlichen Haus, aktualisiert *Alles, alles Liebe!* in Bezug auf die DDR-Verhältnisse der siebziger Jahre. Im Haus der Bernarda Alba sind die unverheirateten Töchter Gefangene einer tyrannischen Mutter, die nach dem Tod des Vaters acht Jahre Trauerzeit angeordnet hat. Das Schweigen, das die Mutter ihren Töchtern auferlegt, ist zentrales Motiv in Lorcas Stück und wird in Honigmanns Text zunächst zum Symbol für die Machtgewalt des Staates:

»Im Sommer, in der Einsiedelei, haben wir alle gemerkt, wie wir an die Grenzen dessen gestoßen sind, was wir uns zumuten können, und das hatte nichts mit Leons Auftauchen zu tun. Wir nehmen uns diese Freiheiten, weil wir keine anderen haben, darin sind wir wie eine Art Spiegelwelt zu ›Bernarda Albas Haus‹, das haben wir übrigens oft genug auf den Proben gesagt, denn wir leben in einer ähnlichen Starre und ewigen Sehnsucht nach ›draußen‹. Oder nicht?«

Eine weitere zentrale Funktion nimmt das in den Roman einmontierte Märchen *Die zwei Brüder* ein, das motivisch und im Erzählton an den gleichnamigen Text der Grimmschen Märchensammlungen anschließt und das in einem Brief Evas an Anna eingefügt ist. Auch diesem Bezug auf einen klassischen deutschen Text kommt für die Literarisierung von Zugehörigkeit eine grundlegende Bedeutung zu. In der Erzählung Evas wird der Bezugstext des Märchens zu einer Allegorie auf die Gefahr umgedeutet, in der Anpassung an die Verhältnisse und die Umgebung das Eigene zu verlieren. Der arme und der reiche Bruder der Grimmschen Vorlage werden in Honigmanns Modifikation des Märchens zu einem ängstlichen und einem abenteuerlustigen Bruder, die mit ihrem besonderen, sie von der Mehrheit unterscheidenden Kennzeichen – »Ihre Haut glänzte wie Gold.« – sehr unterschiedlich umgingen:

»Der eine der beiden Brüder schämte sich dafür, der andere dagegen tat, als ob da gar nichts besonderes wäre. Na und, sagte er, und war abenteuerlustig und wollte in die Welt hinaus, alles sehen und erleben, was es noch zu sehen und erleben gäbe, selbst wenn es gefährlich wäre, das täte ihm nichts. Der andere Bruder war ängstlich, er fürchtete sich oft und wußte nicht einmal genau wovor.«

Die textuelle Einbettung dieser Passage – das Märchen folgt auf einen Brief Evas an Anna, in dem die Schreiberin das diasporische Leben trotz aller Schwierigkeiten dem Leben in Israel vorzieht – legt nahe, die Figuren dieses allegorischen Märchens wie Paul Michael Lützeler zu verstehen, der die beiden Brüder als Symbole für die entgegengesetzten Möglichkeiten gedeutet hat, als Juden zu leben: Der eine besinne sich auf die jüdische Religion und Tradition, der zweite erprobe andere Lebensmöglichkeiten. Zugleich wird diese eine Deutungsmöglichkeit in der Erzählung von den zwei Brüdern durch intertextuelle Verschränkung überschritten. Das Zwillings- bzw. Doppelgängermotiv wird hier zu einem Modus der Repräsentation, der das Trennende als Kern des Problems darstellt. Das Bild des Waldes, der, wie zuletzt Albrecht Lehmann mit seinem Buch *Die Deutschen und der Wald* gezeigt hat, als deutsches Nationalsymbol zu verstehen ist, verdeutlicht, wie sehr die Frage nach dem Trennenden eine vitale Bedrohung bedeuten kann:

»Der Bruder, der loszog, war bester Laune. Er kam aber nicht sehr weit. Bald geriet er in einen Wald, der am Anfang ganz harmlos erschien, ein netter, grüner Wald eben. [...] Aber dann stürzte er, fiel hin, und bald wurde er angefallen. Zuerst war ihm nicht einmal klar, ob das Menschen oder Tiere waren, die ihn immer wieder umwarfen, wenn er sich nur ein kleines bißchen wieder aufrichtete, bis er die Schatten und Stimmen von Menschen hörte, wie sie sich gegenseitig anfeuerten, ihn totzuschlagen.«

Es ist nicht die Antwort, sondern es sind die beständigen Fragen nach Abstammung, Herkunft und Zugehörigkeit, die der Text leitmotivisch als problematisch markiert. Die eingelegte Märchenerzählung von den zwei Brüdern in Barbara Honigmanns Roman beschreibt anhand zweier existenziell entwurzelter Figuren die Verzweiflung derjenigen, die eine Identitätszuschreibung von außen erdulden müssen und die damit einhergehende Isolation nicht überwinden können.

Das andere Deutschland

Die DDR war nicht bereit, die historische Mitverantwortung für die deutschen Verbrechen an den europäischen Juden zu übernehmen, und machte sich die Ideologie eines »guten Deutschland« zu eigen, das sich als Sachwalter und Fortführer des Widerstands gegen den Nationalsozialismus sah und folglich eine eigene Auseinandersetzung mit dem Antisemitismus als nicht notwendig erachtete. Dies führte, so eine der Thesen des Romans, zu Kontinuitäten der Abwehr von historischer Verantwortung und zur Marginalisierung jüdischer Erfahrungen. In Honigmanns Roman ist dies mit einer Gesprächssituation zwischen Anna und dem Bühnenbildner Michi veranschaulicht. Anna berichtet davon in einem Brief an ihren Geliebten Leon und macht deutlich, wie sich die Nivellierung des jüdischen Anteils an demjenigen Teil der Geschichte auswirkte, aus dem heraus das Selbstbild der DDR entwickelt worden war:

»zu mir setzt sich nur [. . .] Michi, der Bühnenbildassistent, der fälschlicherweise meine Marginalität zu einer Art Opposition stilisiert und auch Künstler werden will, wie wir alle. Wir haben schon manches vertraute Gespräch geführt, und weil wir so eine Art Zutrauen gefunden hatten, habe ich ihm mittags an unserem Tisch in der Kantine einmal gestanden, daß ich jüdisch bin, ich will das doch nicht immer wie ein Geheimnis mit mir rumtragen. Bloß, wenn ich es sage, ist es falsch, und wenn ich es nicht sage, ist es auch falsch. Es kam, wie es kommen mußte, mein Michi war ganz bestürzt, denn er hatte ja noch nie einen lebenden Juden gesehen, immer nur die toten Juden auf den Bildern, die Leichenberge aus Bergen-Belsen und den kleinen Jungen aus dem Warschauer Ghetto, der die Hände hebt, und ich sitze da putzmunter und mampfe mein Essen in der Kantine. Gleich fühlte ich mich wieder so schlecht und überfordert, weil ich nun dachte, daß ich nun alles gleichzeitig darstellen muß, Königin Esther und den kleinen Jungen aus dem Ghetto, der die Hände hebt, und den Staat Israel noch dazu. Dabei gelingt es mir doch noch nicht einmal, Anna zu sein, die ruhig einen Baum ansieht, geschweige denn einen Wald.«

Der ironisierende Darstellungsmodus dieser Passage persifliert die Leugnung des jüdischen Anteils an den Opfern des Zweiten Weltkriegs im antifaschistischen Selbstverständnis der DDR. Der Bühnenbildner Michi, dessen Name den »deutschen Michel« evoziert, interpretiert die Marginalität Annas als eine selbst gewählte Opposition und ist völlig unfähig, mit jener Eröffnung umzugehen. Somit steht Michi für die Unfähigkeit seines Landes, die Anwesenheit deutscher Juden als selbstverständlich wahrzunehmen.

In der SBZ und später in der DDR war das politische Ziel die Beseitigung des Kapitalismus, der als Ursache für den Faschismus verstanden wurde. Auf diese Weise wurde der Antisemitismus als entscheidender Bestandteil des Nationalsozialismus offiziell weitgehend ausgeblendet. Der offizielle Faschismusbegriff ermöglichte es nicht, die Dimension des Völkermords an den Juden angemessen zu erfassen, und die politische Führung zeigte sich unfähig, das Schicksal der Juden im »Dritten Reich« anzuerkennen. Eine besondere moralische und politische Verantwortung gegenüber dem jüdischen Volk als Konsequenz aus den deutschen Verbrechen wurde daher nicht Teil des Selbstverständnisses der DDR. Bereits Ende der vierziger Jahre überlagerten sich antikapitalistische und antisemitische Argumentationsweisen. Die massive Überwachung der jüdischen Gemeinden und der politische Druck auf die Repräsentanten des Judentums führten 1953 zur Flucht vieler Juden aus der DDR. Für diejenigen, die blieben, stand das Selbstverständnis als sozialistische Staatsbürger und nicht als Juden im Vordergrund, gewissermaßen in Fortsetzung und Verwirklichung der durch die Jahre des Nationalsozialismus ad absurdum geführten Assimilation. Der Briefroman literarisiert unterschiedliche Perspektiven dieser Heimkehrergeneration, zum einen die der Mutter der Hauptfigur Anna, die sich mit relativer Reisefreiheit ein erträgliches Leben einrichten kann, oder die der Mutter Evas, die an der Rückkehr nach Deutschland zerbricht.

Angesichts dieser Schicksale wählten manche Angehörige der nächsten Generation den Weg einer religiösen Definition von Judentum, ohne dabei Deutschland als geistige und kulturelle Heimat aufzugeben.

Abschied

In *Alles, alles Liebe!* konstruiert Barbara Honigmann mit Anna eine Romanfigur, für die ein Heimischsein in der deutschen Kultur nicht mehr möglich ist. Dem Text geht es auch darum zu zeigen, dass Zugehörigkeiten aus den kulturellen Traditionen erwachsen, in denen man lebt. Diese Traditionen sind aber keine ›frei‹ gewählten, sie werden dem Individuum schicksalhaft zuteil. Die Geschichte des 20. Jahrhunderts hat dafür gesorgt, dass diese Paradoxie von zufälliger Zugehörigkeit und dem subjektiven Gefühl des Zugehörigseins sich bis zu der beklemmenden Konstellation zuspitzen konnte, in einer Tradition zu leben, die zugleich auch denen ›gehörte‹, die die Betreffenden mit allem Nachdruck physisch vernichten wollten. Für die Romanfigur Anna ist diese Paradoxie nicht mehr zu ertragen, sie verlässt das Land zunächst in Richtung Moskau, weil dort eine ihrer besten Freundinnen lebt, und in der Hoffnung, dass dort Annas Herkunft nicht mehr die Rolle spielen wird, die ihr in der DDR auferlegt wurde. Doch es bleibt am Schluss offen, wohin diese Flucht sie endgültig führen wird.

Anna verliert nicht nur die Liebe zu Leon, sondern auch die Bindung zum Land ihrer Geburt. So dokumentiert der Briefroman Barbara Honigmanns auch eine Trennung von Deutschland. In ihm wird jüdische Zugehörigkeit als eine feststehende ethnisch-politische Konstante verstanden; das Literarische vermag deren Logik nicht zu entrinnen.

Jenseits des Politischen

In dem 1998 erschienenen Roman *Medea und ihre Kinder* von Ljudmila Ulizkaja sind Religiosität und humanistische Ideale die Modi zur Überwindung ethnischer Grenzen innerhalb der politischen Realitäten der Sowjetunion. Abstammung und Herkunft waren im sowjetischen Alltag, im Gegensatz zur offiziellen Ideologie, Instrumente der Repression. In seiner narrativen Ausgestaltung etabliert der Roman eine Gegenwelt. Im Leben der Romanfigur Medea ist verwirklicht, was der Staat Sowjetunion nicht umgesetzt hat: die Bewahrung der Werte des Menschlichen ohne Ansehen der Person. Aus der Zugehörigkeit zu Medea gewinnen die Romanfiguren die Regeln, die ihr Verhalten bestimmen. Medea gehorcht nur einer göttlichen Macht, und ihr unerschütterlicher Gehorsam entlarvt die Relativierung der moralischen Werte in der Sowjetunion. Explizit gemacht wird dies in einer Passage, die auf Samuel, Medeas Ehemann, abhebt:

»Nun, da er sich mit der alten jüdischen Gesetzgebung beschäftigte, ging ihm auf, daß die Menschen in seinem Land und er selbst mit ihnen in tiefer Gesetzlosigkeit lebten. Genaugenommen herrschte ein allgemeines Gesetz der Gesetzlosigkeit, schlimmer als in Kanaan, dem sich Unschuld und Unverschämtheit, Verstand und Dummheit gleichermaßen unterordneten. Und der einzige Mensch, wie er jetzt ahnte, der wirklich nach normalem menschlichem Gesetz lebte, war seine Frau Medea.«

Medeas Welt wird von Gesetzen des Sakralen reguliert, die der jüdisch-christlichen Tradition entstammen. Zugleich werden im Roman Textbezüge der klassisch-griechischen Welt aufgenommen und in die Darstellung einer idealisierten weiblichen Figur transformiert. In einer politischen Wirklichkeit, die sich nicht zuletzt im Kampf gegen die Überlieferung jener Welt ausgebildet hatte, wird das Ethos der Romanfigur Medea aus Passagen des jüdisch-christlichen Kanons entfaltet. Aus der Übertragung der religiösen Texte in die sowjetischen Konstellationen entsteht ein utopischer Roman über Liebe und Vergebung.

Auf der Umschlagseite einer der russischsprachigen Ausgaben von *Medea und ihre Kinder* sind die folgenden Worte Ljudmila Ulizkajas über den Roman abgedruckt:

> »Dies ist der verkehrte Mythos von Medea, einer rasenden Königin aus der Kolchis, kein Roman über Leidenschaft, sondern über stille Formen der Liebe, nicht über flammende Rache, sondern über Großmut und Mitgefühl, all dies an den Gestaden der Krim. Für mich war weniger der große Mythos von Bedeutung als die Erinnerung an eine verschwundene Generation, zu der meine Großmutter und viele meiner älteren Freunde gehörten. Sie sind nicht mehr da, doch ich denke oft an sie, denn sie waren in ihrem Leben und Sterben große Beispiele seelischer Stärke, von Treue, Unabhängigkeit und Menschlichkeit. Ihre Nähe tat allen gut, und sie gaben einem das Gefühl, dass das Leben nicht das ist, was wir sehen, sondern was wir selbst daraus machen.«

Diese widerspruchsvolle Beschreibung der Autorin nimmt einige Besonderheiten des Textes vorweg. In dem zitierten Passus macht die Autorin auf eine doppelte Struktur aufmerksam – ein Roman über Liebe und nicht über Leidenschaft, über Barmherzigkeit anstelle von Rache. Dieser binäre Modus kennzeichnet den gesamten Text – der Roman berichtet nicht vom Kindesmord, wie der klassische Mythos, sondern von einer Frau, die Kinder anderer wie ihre eigenen aufzieht. Es geht hier nicht um die große Erzählung der herrschenden Kultur und Religion, sondern um die poetische Erschaffung eines nahezu utopischen Miteinanders in Vielfalt.

Es gibt bei der Interpretation immer wieder Momente, in denen der analytische Versuch in der Sackgasse der bloßen Wiederholung des im Roman Gesagten endet. Dieser Widerstand des Textes gegen eine Interpretation ist nicht zufällig, sondern ein gewollter Effekt, der aus der Struktur des Textes resultiert und aus der verführerischen Leichtigkeit des Leseprozesses, die manche Leser des Romans als naive Schlichtheit missverstanden haben. Diese Einfachheit ist jedoch eine der hauptsächlichen Strategien des Textes. Unter jener ersten, transparenten Textschicht und jenseits der offensichtlichen mythologischen Bezugnahme ist in diesem komplexen Roman eine weitere poetische und politische Bedeutung enthalten. Die zitierte Beschreibung der Autorin ist nur ein weiterer Teil dieser Verrätselungsstrategie. Es bleibt dem Leser überlassen herauszufinden, worin der »verkehrte Mythos« besteht, und zu entscheiden, ob dieser den klassischen Medea-Mythos annulliert oder ob aus ihm eine neue mythische Erzählung entsteht.

Der zweite Teil des oben gegebenen Zitats enthält eine explizite Antwort der Autorin auf diese Frage: Nicht ein großer Mythos, das Gedächtnis einer vergangenen Generation soll dargestellt werden. Aber dies ist nur die partielle Antwort der Autorin, und nicht die umfassende, die der Text bereithält. Die Formulierung der Autorin berührt eine Dimension des Anliegens dieses Essays, denn aus unserer Sicht lässt die Autorin in ihrem Roman eine neue Variante des Epos entstehen, ein nichtnationales Epos, das Stimmen verschiedener Kulturen enthält. Der Roman *Medea und ihre Kinder* erschafft keinen neuen Mythos, sondern stellt ein ›modernes‹ Epos dar. Ein solches Verständnis des Romans müsste paradoxerweise jener doppelten Fügung des Mythos folgen, die die Autorin in ihrem Selbstkommentar etabliert hat. Doch der Roman widersetzt sich dieser zweifachen Struktur: Zeiten und Räume werden nicht getrennt voneinander betrachtet, sondern der Text verknüpft verschiedene Schichten der literarischen und politischen Imagination der Krim.

Die Halbinsel Krim als ›Chronotopos‹

Neal Ascherson hat in seiner Studie *Black Sea* die Geschichte der sagenumwobenen Schwarzmeerregion und die kulturellen Muster der Zivilisationen untersucht, die sich dort behauptet haben. Beginnend mit den Helden der Argonautensage, Jason und Medea, verfolgte Ascherson die Geschichte der Region vor dem Horizont von Nationalitätenfragen bis hin zum Ende der Sowjetunion, und dies mit beständigen Verweisen auf das literarische Gedächtnis an jene Zeiten. Ascherson zitierte Puschkin und Mickiewicz, Lermontow und Tolstoi, Achmatowa und Mandelstam als Beispiele für die zahlreichen Dichter, die die Gedächtnisräume des Schwarzen Meeres in Text überführt haben.

Mit der Wahl der Schwarzmeerregion als Schauplatz des Romans *Medea und ihre Kinder* stellt sich Ulizkaja in eine literarische Tradition der Repräsentation der Krim, die bereits im 19. Jahrhundert begonnen hat. In ihrem Roman ist die Halbinsel Krim ein Bachtinscher ›Chronotopos‹, der verschiedene historische Schichten von Räumen und Zeiten enthält. In einer der Passagen des Romans wird diese besondere Gestaltung der Schauplätze und der Zeit explizit gemacht, wenn einer der Neffen der Hauptfigur den ›Chronotopos‹ beschreibt:

»Er mochte dieses Land, seine verwitterten Berge und ebenen Vorgebirge; es war skythisch, griechisch, tatarisch, und obwohl es nun seit langem in Sowchos-Besitz war, sich nach menschlicher Liebe sehnte und durch die Talentlosigkeit seiner Herren allmählich ausstarb, blieb ihm noch die Geschichte, sie schwebte in der Frühlingswonne und rief sich mit jedem Stein, mit jedem Baum in Erinnerung.«

So wie die Landschaften der Krim die Kennzeichen und Überreste der verschiedenen Kulturen enthalten, die im Text rekonstruiert werden, wiederholt der Roman Ljudmila Ulizkajas jene geologische Struktur auf einer metapoetischen Ebene, wenn zwei verschiedene literarische Genres verbunden werden: Aus Mythos und Epos entsteht ein textueller Raum, in dem diese zwei Formen der poetischen Imagination nebeneinander bestehen können, ohne einander auszuschließen.

Diese beiden Genres ergeben zugleich auch einen Text mit verschiedenen Zeitschichten, in denen jeweils unterschiedliche Zeitwahrnehmungen und -repräsentationen enthalten sind. Um die Ausdehnung dieser Zeitschichten für den Roman insgesamt nachvollziehen zu können, erscheint es notwendig, die Art der Zeitdarstellung in den beiden Genres Mythos und

Epos getrennt voneinander zu untersuchen. Vorab jedoch einige Bemerkungen zu den politischen Bedingungen der Beschäftigung mit dem Medea-Stoff.

In ihrer Studie »Medea. Multimediale Karriere einer mythologischen Figur« vertrat Inge Stephan jüngst die These, dass dem Schreiben über den Medea-Stoff stets etwas Symptomatisches innewohne: Neue Interpretationen der mythischen Figur Medea entstünden in Zeiten politischer Instabilität oder radikaler Änderungen. Die Konfliktfelder, in die die Figur der Medea eingebunden sei, rührten an Grundvoraussetzungen des westlichen zivilisatorischen Selbstverständnisses. Dies, so Stephan, könne ein Grund für die Zunahme der Medea-Bearbeitungen in der zweiten Hälfte des 20. Jahrhunderts sein. In der Figur kristallisierten sich immer wieder Fragen von Ethnizität, des Geschlechts und des Status des Anderen, vor allem nach 1968, und dann noch einmal nach 1989. Stephan diagnostizierte neben der Rolle Medeas als positive oder negative Identifikationsfigur im »Kampf der Geschlechter« drei weitere große Konfliktfelder, in denen die Medea-Figur in der Literaturgeschichte eine wichtige Rolle spiele. Medea fungiere als Bewältigungsfigur, wenn politische und familiäre Ordnungen in eine Krise geraten, sie sei eine zentrale Projektionsfläche für fremdartiges Verhalten und tauche deshalb auch in Debatten über Ethnizität und Rassismus auf, und schließlich sei Medea eine wichtige Reflexionsfigur in den Auseinandersetzungen um die Bedeutung von Gewalt.

Ljudmila Ulizkajas Roman erschien kurz nach dem Zerfall der Sowjetunion in einer politischen Situation, die plötzlich die Diskussion neuer Themen erlaubte, und in einer Zeit, in der sich der feministische Diskurs weiterentwickelte und eine größere Aufmerksamkeit erlangte als zuvor. Auch wenn Inge Stephan dies nicht für Ulizkajas Text geltend macht – in dieser Variation des Mythos werden alle vier genannten Konfliktfelder bearbeitet. Auf dem Feld des Geschlechterkampfes ist Ulizkajas Medea eine Matriarchin, die den Mikrokosmos ihres Hauses mit ruhiger Hand führt. Als Frau, die keine eigenen Kinder hat, zieht sie nicht nur ihre Geschwister auf, sondern später auch deren Kinder. Mit der Geschichte ihrer Familie werden zentrale politische Momente der russischen Geschichte nach 1905 beleuchtet.

Die von Stephan diagnostizierte Eigenschaft der Medea-Figur als Projektionsfläche in Debatten über Ethnizität und Rassismus ist in Ulizkajas Buch sehr stark wirksam. Ausgehend von der Hauptfigur wird in dem Roman eine Utopie jenseits des Ethnos entworfen. Medea mit ihrer mehrfachen Zugehörigkeit bündelt Nationalitäten. In ihrem Haus und in ihrem Herzen ist genügend Platz für Menschen verschiedener Religionen, für Christen, Juden und Muslime. Ihr selbstverständlicher Multikulturalismus und ihre Toleranz kontrastieren mit der sie umgebenden Gewalt und Brutalität. Medea kämpft nicht gegen das politische Regime, doch sie praktiziert Gerechtigkeit und versucht durch ihre bloße moralische Existenz Ungerechtigkeit zu korrigieren. So überlässt sie zum Beispiel am Ende ihres Lebens ihr Haus einer tatarischen Familie, die unter dem sowjetischen Regime vertrieben worden war und besitzlos auf die Krim zurückgekehrt ist.

Mithilfe der Kategorien von Inge Stephan ist es möglich zu zeigen, wie radikal Ljudmila Ulizkajas Variation des Mythos ist und in welch hohem Maße diese

Autorin das politische Potential der Bearbeitung zu nutzen vermag. Dieser politische Rahmen hat eine Entsprechung im Text. Die intertextuelle Transformation der mythischen Vorstellung wird durch die epische Form beständig in Frage gestellt. In der Repräsentation des ›Chronotopos‹ Halbinsel Krim sind zugleich epische und mythische Zeitformen enthalten. Die mythische Zeit erschafft eine utopische, zeitlose Vision, während die epische Form durch das Schreiben einer Kollektivgeschichte nach einer Verallgemeinerung von Zeit sucht. Eine subjektive, persönliche Zeitschicht unterminiert die Utopie durch die historische Realität der erzählten Geschehnisse. Die epische Form des Romans vereint diese Schichten in einer monolithischen Zeit, so dass die utopische Dimension nicht in den Vordergrund treten kann. Eine sorgfältige Untersuchung der Beziehung zwischen epischer Form und mythischem Inhalt wird hilfreich sein, die Brüche zu finden, durch welche die subjektive Zeit in den Roman eintritt.

Arbeit am Epos

Michail Bachtin hatte das Epos als ein Genre beschrieben, welches das kollektive Schicksal einer Gemeinschaft und nicht ein Einzelschicksal bewahre, zumeist auf einer nationalen Legende und nicht der Erfahrung eines Individuums gründe und in dem die zeitliche Distanz des episch Erzählten zu den Hörern des Epos erheblich sei. Ljudmila Ulizkajas Roman *Medea und ihre Kinder* bezieht sich in der formalen Gestaltung auf diese erzählerische Großform, erweitert ihre Darstellungsmöglichkeiten und bewahrt zugleich ihre historische Kraft.

Darüber hinaus hatte Bachtin die Positionierung des epischen Rhapsoden als konstitutiv für das Genre erachtet. Die erzählte Vergangenheit sei im Epos vollkommen abgeschlossen, unerreichbar, während Rhapsode und Zuhörer der gleichen Gegenwart angehörten. Das Epos sei nie ein Poem über die Gegenwart, die eigene Zeit gewesen, und die für das Epos konstitutive Einstellung dessen, der das epische Wort artikuliert, sei die Einstellung eines Menschen, der über eine für ihn unerreichbare Vergangenheit spricht. Bachtin nannte dies die »ehrfurchtsvolle Einstellung des Nachkommen«. Alle diese konstitutiven Merkmale können auch in Ljudmila Ulizkajas Roman *Medea und ihre Kinder* identifiziert werden. Dieser Text ist ein Epos einer vergangenen Zeit, ein Trauergesang auf eine Generation, die es nicht mehr gibt. Ulizkajas Text bewahrt und enthüllt diese Vergangenheit in einer höchst ausgearbeiteten Form und entwickelt die Überlieferung aus der übernationalen und multikulturellen Geschichte der Krim. Die Autorin erweitert die Genreform des Epos um die Dimension der persönlichen Erfahrung, sie kombiniert die Welt des Epos mit der Welt des Romans.

Ljudmila Ulizkaja erzählt die Geschichte eines Kollektivs und wendet hierbei die Form des Epischen, das literarhistorisch als Nationalepos eine Form der Exklusion darstellte, in eine Utopie der Inklusion. Hierin liegt der Unterschied zu Barbara Honigmanns Roman *Alles, alles Liebe!*. Trotz der Übernahme epischer Dimensionen enthält Ulizkajas Roman eine personale Erzählstimme und bricht so den absoluten Status der Erzählstimme des Epos. Die spezifische Erzählsituation dieses Romans präsentiert ein auktorial-personales

Kontinuum: Erst im Epilog wird dem Leser bewusst, dass die zuvor als auktorial wahrgenommene Erzählsituation eine personale Erzählung ist, denn erst dort gibt sich die Erzählerin als Mitglied der Familie Medeas zu erkennen.

Bereits Bachtin hatte den Wandlungsprozess von Epos zu Roman an der Gestalt des Übergangs von der fernliegenden Ebene der Vergangenheit in die Zone des Kontakts mit den unabgeschlossenen Ereignissen der Gegenwart festgemacht. Die klassischen Epen entstammten einer Genretradition, die nicht überliefert ist. Die Epiker übertrugen die Formen dieser Tradition auf die heldenhaften Geschehnisse aus der Welt der Väter, die sie kanonisieren wollten. Diese Epen sprachen ehrfurchtsvoll von einer unerreichbaren Vergangenheit. Unter den Bedingungen der patriarchalischen Ordnung war die epische Stimme diejenige eines Vertreters der herrschenden Schicht, der in gewissem Sinne zu jener Welt der Väter gehörte, die er besang.

In Ljudmila Ulizkajas Roman entfaltet sich durch die weibliche epische Stimme, die eine Frauenfigur der nahen Vergangenheit idealisiert, eine dieser Ordnung gegenläufige Perspektive. Dem Leser werden nur Teile der inneren Welt Medeas enthüllt. Die epische Form des Romans *Medea und ihre Kinder* ermöglicht eine Hauptfigur, die als epische Heldin und zugleich als zutiefst menschlich charakterisiert ist.

Im Gegensatz zum klassischen Epos, dem entsprechend der Beschreibung Bachtins stets *eine* sprachliche Form eigne, und welches nur verschiedene Schicksale, nicht aber unterschiedliche Wahrheiten kenne, ist die dargestellte Welt in Ljudmila Ulizkajas Roman eine aktiv-vielsprachige. In ihrer Version des Epos werden mehrere fest gefügte, in sich abgeschlossene Zugehörigkeitsperspektiven aufgebrochen. Im nationalen Epos hatte eine genealogisch verstandene Zugehörigkeit eine entscheidende Funktion, es enthielt eine als wahr verstandene Perspektive auf Abstammung. In Ulizkajas Epos hingegen wird die Verbundenheit mit Medeas Familie zwar als Privileg verstanden, doch dieses Privileg wird nicht über die Zwangsläufigkeit des Blutes und der leiblichen Abstammung garantiert. Vielmehr wird von den Mitgliedern dieser Familie ein Verhalten jenseits dieser Denkmuster erwartet. So erbt beispielsweise gerade nicht der leibliche Neffe Medeas Haus, sondern jene tatarische Familie, deren Vorfahren aus dem Dorf vertrieben worden waren. Der Neffe Georgi besteht nicht auf dem genealogischen Erbrecht, sondern unterstützt diese Familie beim Renovieren des Hauses. Der Zusammenhalt entsteht aus jenen Prinzipien des menschlichen Miteinanders, die über Herkunft und Abstammung hinausgehen.

Ljudmila Ulizkaja unternimmt in *Medea und ihre Kinder* den Versuch, ein umgekehrtes, gleichsam unepisches Epos zu schaffen, das nicht einen heroischen Kämpfer, sondern eine Frau zum Mittelpunkt der Erzählung macht, die nicht für eine nationale Vergangenheit steht, sondern für eine reale Gegenwart, und die zudem nicht die Botschaft genealogischer Eindeutigkeit übermittelt, sondern das Leben im Kontext verschiedener Zugehörigkeiten verteidigt.

Das epische Formzitat ist darüber hinaus nicht nur durch den Inhalt des Erzählten und die weibliche Erzählstimme herausgefordert, sondern auch durch die narrative Situation. Mascha, eine der Protagonistinnen des Romans, verfasst Gedichte, die im Text wiedergegeben sind. So wird die persönliche Erfahrung auch durch den Einbezug lyrischer Texte in die epische Form getragen. Diese Gedichte erzählen die individuelle Geschichte eines tragischen Lebens. Bewusstseinsfragmente und Traumerzählungen finden Eingang in den Text und unterminieren die mimetischen und diegetischen Funktionen des Epos. Während die epische Form der Autorin ermöglicht, die Geschichte einer großen Familie, einer »verschwundenen Generation« zu erzählen, evoziert die intertextuelle Dimension des Romans den antiken Mythos und fokussiert so die Erzählung auf die Figur Medea.

Mythos als Utopie

Ulizkajas Bearbeitung des Mythos enthebt die Figur Medea der selbstzerstörerischen Rachegelüste und bewahrt die positiven Züge der mythischen Frauengestalt. Bereits in der Gestaltung des Stoffes durch Euripides im fünften vorchristlichen Jahrhundert war Medea eine mutige und unabhängige Frau mit magischen Kräften. Sie liebte Jason und setzte diese Kräfte ein, damit er das Goldene Vlies erlange. Als Jason aus machtpolitischen Gründen Medea verstieß und sich mit der Tochter des Königs Kreon verlobte, bestand Medeas Rache nicht nur im Mord an Kreon und seiner Tochter, sondern sie tötete auch ihre eigenen beiden Kinder aus der Verbindung mit Jason, um diesen noch mehr zu strafen. In Ulizkajas Roman hingegen ist Medea eine lebenskluge, großzügige Frau, die – obwohl verwitwet und kinderlos – alles für den Zusammenhalt der Familie zu tun bereit ist. Nicht Rache, sondern humane Vernunft zeichnen diese Medea aus. Die literarischen Strategien dieser Utopie, die in der Konstellation der Familie eine offene Vielgestaltigkeit der Lebensentwürfe garantiert, sind intertextueller Natur. Die Textbezüge haben in diesem Roman eine ›verbindende‹ Funktion. Herkunft und Geschlecht werden in dem hier zu lesenden Entwurf einer Gemeinschaft nicht neutralisiert, sondern in expliziter Selbstverständlichkeit als Garanten von Vielfalt positiv gedeutet.

Von Christa Eberts detaillierter Analyse der Funktion des Mythos in *Medea und ihre Kinder* können einige entscheidende Hinweise für unsere Deutung übernommen werden. Im Anschluss an die Arbeiten von Dorothe Schuscheng und Leszek Kołakowski über die Funktion des Mythos in der Literatur hat Ebert den Text als Kontrastbild zu anderen prominenten Wiederaufnahmen des Medea-Mythos verstanden. Aus ihrer Sicht entsteht aus dem Rückgriff auf den Mythos eine literarische Utopie als Gegenentwurf zu den konkreten Erscheinungsformen der sowjetischen Realität. In dieser Utopie werde Medea nicht – wie in feministisch geprägten, westlichen Mythosbearbeitungen – von der »bösen Mutter« und »Zauberin« in eine »starke, selbstbestimmte Frau« verwandelt. In Ulizkajas Roman, so Ebert, sei die Medea-Figur eine Art Übermutter, die dem patriarchalischen Übervater der russischen politischen Ordnung entgegengesetzt werde.

Die Kategorien Eberts können genutzt werden, um die verschiedenen Zeitschichten des Romans zu unterscheiden: Ebert sieht die weibliche Symbolik der Medea-Figur in Ulizkajas Roman untrennbar mit dem kulturmythologischen Diskurs der russischen Moderne verbunden. Medea lebe in und mit der Natur, jenseits der Ideologien, allerdings nicht jenseits der Kultur und nicht verschont von den politischen Wirren der Zeiten. Es handele sich zweitens um eine Integrationsfigur, bei der alle Mitglieder der Familie einander begegnen, in einer Umgebung, in der sie nicht beurteilt, sondern großmütig aufgenommen werden. Diese Medea-Figur sei in der Lage, auch den schlimmsten Verrat zu vergeben. Drittens habe die Figur eine wichtige Rolle als Zeitzeugin, in deren Gedächtnis die Bilder der früheren Krim eingegangen seien. Ihr Wissen gebe die Figur in den vielfältigen Gesprächen und Korrespondenzen mit den Mitgliedern und den Besuchern ihrer Familie weiter. Medeas Leben jenseits der Ideologien, ihre Verbindung zur Natur, ihr Wirken als Integrationsfigur und ihre Funktion als Mnemosyne unterscheiden sie von den anderen Romanfiguren: Die Romanfigur Medea lebt in einer anderen Zeit als die übrigen Mitglieder ihrer Familie, vor allem in einer anderen Zeit als ihr vor langer Zeit verstorbener jüdischer Ehemann Samuel. Mit anderen Worten, Medea ist als mythische Figur modelliert, mit mythischem Bewusstsein und einer mythischen Zeitwahrnehmung. Dies jedoch ist für die weitere Deutung des Romans entscheidend, denn damit erhält der Text zwei Zeitdimensionen: eine mythische und eine nichtmythische.

Im zweiten Band der *Philosophie der symbolischen Formen* hat Ernst Cassirer das mythische Denken wie folgt beschrieben: Das mythische Bewusstsein artikuliert Zeit und Raum nicht dadurch, dass es das Schwanken der sinnlichen Phänomene stabilisiert, sondern indem es die ihm eigene Gegenstellung einführt – die Opposition von Sakralem und Profanem in der räumlichen Realität. Im mythischen Bewusstsein, so Cassirer, finden zeitliche Bezüge im Verhältnis zum Raum ihren Ausdruck. Jede Ausrichtung in der Zeit bedarf einer räumlichen Orientierung. Im Gegensatz zur historischen Zeit existiert in mythischer Zeit eine absolute Vergangenheit, die nicht zugänglich ist und keiner weiteren Erklärung bedarf. Im Vergleich zur objektiven Zeit ist die mythische Zeit gewissermaßen zeitlos.

Medea, die ihre Heimat nur zweimal im Leben verlassen hat, ist nicht nur ein Teil der Krim, sondern auch Teil der geologischen Zeitausdehnung dieser mythischen Region. Ihre Familiengeschichte ist eng mit der Halbinsel verbunden. Medeas Zeit wird durch ihre Orientierung im Raum wiedergegeben, dem einzigen Raum, den sie kennt. Sie, die hier geboren wurde, erinnert die lange Geschichte der Region, die in einer gewissen Weise eine absolute Vergangenheit für sie darstellt und die keiner weiteren Erklärung bedarf. Diese absolute Vergangenheit wird auch durch ihre Kenntnisse des Griechischen bezeichnet, einer Sprache, »aus der die meisten philosophischen und religiösen Begriffe stammen und die eine erstaunliche Buchstäblichkeit und einen Wortsinn bewahrt hat: Noch heute heißt Wäscherei in dieser Sprache Katharistirio und Transport Metaphora.«

Medea ist eine zutiefst religiöse Figur, ohne sich dessen gänzlich bewusst zu sein. Sie unterteilt ihr Leben in Sphären des Sakralen und des Profanen. Sie lebt in Übereinstimmung mit dem Ethos religiöser Gesetze, die sie von ihren Vorfahren übernommen hat. Kurz vor seinem Tod, in dem Moment, als er die heiligen Texte des Judentums wiederentdeckt und sich dem Studium von Tora und Talmud widmet, wird Medeas Ehemann Samuel der Kern ihrer inneren Stärke und Ausdauer bewusst:

»Die stille Hartnäckigkeit, mit der sie die Kinder großgezogen hatte, arbeitete, betete und fastete, war keine Besonderheit ihres seltsamen Charakters, sondern freiwillig übernommene Pflicht, die Erfüllung eines längst und vor allen und überall aufgehobenen Gesetzes.«

Die Figur Medea ist überzeugt, dass ihre Welt von heiligen Kräften, denen sie ihre Existenz anvertraut hat, geleitet sei. Aus ihrer Sicht haben alle Geschehnisse in ihrem Leben eine höhere Bedeutung, auch wenn sie manche Dinge erst spät oder erst in einer jenseitigen Welt verstehen kann – oder, wie es ihre beste Freundin, die ihre Überzeugungen teilt, in einem Brief formuliert: »Erinnerst Du Dich, Du hast mir einmal Deine Lieblingsstelle aus den Paulusbriefen vorgelesen, die mit dem dunklen Spiegel. Alles wird klarer mit der Zeit, nach der Zeit.« In den schwierigsten Situationen erhält Medea Hilfe von verschiedenen Menschen und ist sich stets aufgrund dieser wunderhaften Vermittlungen sicher, dass ihre Welt so bleibt, wie sie sie kennt:

»Die Ordnung der Welt blieb, trotz der wachsenden Vielzahl von Menschen und der zunehmenden Verwirrung, immer die gleiche, ihre vertraute – es geschahen kleine Wunder, Menschen begegneten sich und gingen auseinander, und alles zusammen bildete ein schönes Muster.«

Christa Ebert hat in ihrem Aufsatz zu dem Roman die Auffassung vertreten, dass Ulizkajas Erzählung die ethnischen Konflikte der Krim über die Figur Medea als politisch produzierte darstelle, die in den real gelebten Beziehungen der Menschen keine Rolle spielten. In unserem Verständnis des Romans ist es jedoch weniger die Autorin als die Romanfigur Medea, für die Abstammung, Herkunft und Zugehörigkeit im menschlichen Miteinander keine Bedeutung haben. Dieser Unterschied ist wesentlich, denn gerade durch diese literarische Fügung gelingt es Ljudmila Ulizkaja zu zeigen, dass in der sowjetischen Realität das Ethnische nicht vom Politischen zu trennen war. Aus diesem Grund können die anderen Figuren des Romans dieser Logik ebenfalls nicht entgehen.

Darüber hinaus kann die Erzählung von Medea auch als utopische Parabel auf die Möglichkeiten der literarischen Imagination verstanden werden. Für die Figur der Medea sind Abstammung, Religion und Herkunft keine Kriterien für die Zugehörigkeit zu ihrer Familie. Literatur hat das Potential, entsprechende Räume zu erzeugen, in denen diese Kriterien ebenfalls unwirksam werden.

Zeiten des Romans

Während Medea in mythischer Zeit lebt, sind die übrigen Romanfiguren Teil der politisch-historischen Zeit. Ihr Leben ist von den politischen Umbrüchen und den Fragen der Zugehörigkeit betroffen, die für die Krimregion im 20. Jahrhundert virulent wurden. Dies gilt für Medeas Ehemann Samuel ebenso wie für die Figur namens Ravil, den Enkel der deportierten tatarischen Familie, und für Alik, den Ehemann von Medeas Nichte Mascha, der beschließt, das Land zu verlassen, um in Freiheit wissenschaftlich arbeiten zu können. Der Roman ist jedoch auf eine Weise konstruiert, dass der Leser dazu neigt zu vergessen, dass Medeas mythische Zeit für den Rest ihrer Familie keine Gültigkeit hat. Unter der Schicht der zeitlosen Zeit Medeas sind die anderen Zeiten der Krim verborgen: Die Niederlage der von General Wrangel geführten Truppen gegen die Rote Armee, die Deportation der Krimtataren und die Ermordung vieler von ihnen durch den Stalinschen Unterdrückungsapparat und schließlich der Genozid an den Juden der Krim durch die deutsche Wehrmacht und die SS. Ulizkajas Roman erinnert diese Ereignisse, die in die individuellen Schicksale der Familienmitglieder Medeas eingeflochten sind. Einer von Medeas Brüdern wurde von den Roten ermordet, ein anderer von den Weißen. Ein dritter Bruder wurde im Krieg von einem deutschen Soldaten getötet, ein vierter starb durch die Hand eines Kommunisten. Die meisten Schicksale bleiben fragmentarisch, während Samuels Geschichte von Anfang bis Ende erzählt wird. Samuel erzählt seiner Frau seine Lebensgeschichte, und sie wird diese bis weit nach seinem Tod erinnern.

Samuels Lebensbeschreibung ist in halbironischer Form erzählt, auf eine Weise, die seine Stimme und den ihm eigenen Humor hörbar macht. Sein Lebensweg kann als emblematisch für die Geschichte eines russischen Juden verstanden werden, der gegen Ende des 19. Jahrhunderts geboren wurde: Samuels Onkel Ephraim schickte den Jungen nach Odessa, denn »er war ein Amateur-Intellektueller und hoffte, allem Augenschein zuwider, eine gute Bildung könne alle Probleme der Welt lösen, ein Mißverständnis wie den Antisemitismus eingeschlossen.« Nach kurzer Zeit in Odessa schloss sich Samuel einer zionistischen Bewegung an, einem

»Lager des Zionismus, das sich verabschiedet hatte von dem Juden, der seine Bildung dem Niveau anderer zivilisierter Völker anpasste, und statt dessen auf den natürlichen Juden setzte, der den einfachen und zweischneidigen Entschluss fasste, seinen Garten wieder in Kanaan zu pflanzen.«

Diese politische Phase in Samuels Leben blieb jedoch kurz:

»Die aufregenden Ideen eines kleinen jüdischen Sozialismus im provinziellen Palästina konnten nicht mit dem großen Weltmaßstab des Proletariats konkurrieren.«

In der Erzählung von Samuel wird ein anderes Konzept von Zugehörigkeit aktualisiert. Seine jüdische Zugehörigkeit wird zunächst ethnisch, dann politisch und schließlich religiös interpretiert. Aus der Sicht des impliziten Autors dieses Romans ist jüdische Zugehörigkeit nur in ihrem Bezug auf das Judentum zu verstehen. Alle anderen Interpretationen sind Zuschreibungen, die zu politischen Instrumenten der Repression werden können.

Samuels, wie er es nennt, »Laufbahn als professioneller Revolutionär« endete mit einem Nervenzusammenbruch im Jahr 1920, der ihn traf, als er zusammen mit Soldaten der Roten Armee Männer hinrichten sollte, die Brot gestohlen hatten. In seinem gesamten Leben sah Samuel diesen Zusammenbruch als seine größte Schwäche an. Der erste Teil der Geschichte wird aus seiner Perspektive erzählt, versehen mit dem Humor, der so typisch für diese Figur ist. Die tragischen Elemente werden kaum berührt, fast schematisch erzählt, was die These stützt, die Lebensgeschichte dieser Figur trage paradigmatischen Charakter. Hier scheint eine Biographie dargestellt zu sein, die für eine ganze Generation der jüdischen

Intelligenzija Geltung beansprucht: Menschen, die zunächst in der Revolution die Lösung für die Ungerechtigkeiten der Welt sahen, um wenig später den hohen Preis zu entdecken, den sie und andere hierfür zu zahlen hatten.

Der zweite Teil der Lebensgeschichte Samuels ist auf eine vollkommen andere Weise erzählt, mit einer anderen Fokalisierung: Es wird vermutlich aus Medeas Perspektive, voller Liebe und frei von Ironie erzählt. In seinem letzten Lebensjahr begegnete der bereits schwerkranke Samuel zufällig einem jungen Mann, der ihm ein Buch seines Großvaters Chaim überlässt. Diese zufällige Begegnung löst eine erneute Befassung Samuels mit den sakralen Texten seiner angestammten Religion aus: »Der schlechteste Schüler des Cheders von Olshanskoje kehrte in seinem letzten Lebensjahr, den ihm unbekannten Chaim segnend, zu seinem Volk zurück, und die rechtgläubige Medea freute sich darüber.« Erst in der Reflexion seines Lebens und der erneuten Auseinandersetzung mit der Tora, die er in Hebräisch und Russisch liest, kann Samuel seinen Frieden mit den Geschehnissen in seiner Vergangenheit, vor allem mit seinem Nervenzusammenbruch angesichts der bevorstehenden Hinrichtung machen: »Er dankte Gott für seine Schwäche, sein nervöses, unmännliches Verhalten, das ihn vor dem Morden bewahrt hatte.« Samuel, der sein gesamtes Leben in der profanen Routine des alltäglichen Überlebens inmitten der politischen Brüche seiner Zeit gefangen war, erreicht durch die Lektüre der heiligen jüdischen Texte das Sakrale. Er reflektiert das Gefälle zwischen Denken und Sprache und versteht, dass die beiden Sprachen, die er beherrscht, das Russische und das Hebräische, das Gedachte in unterschiedlicher Weise übertragen. Das Hebräische sei als Sprache »›national in der Form‹, dachte Samuel lächelnd, ›göttlich im Inhalt‹«. Hier ironisiert die Figur die Idee vom »Homo Sovieticus«, der als transnationales Wesen interethnische Unterschiede und Konflikte relativieren sollte; die Parole lautete: »national in der Form, sozialistisch im Inhalt«. Das parodistische Zitat von Stalins kulturellem Leitsatz enthält zugleich eine metapoetische Dimension, die jene Forderung nicht nur ernst, sondern geradezu wörtlich nimmt. Lenin zufolge sah Stalin zunächst in den nationalen Formen der Literatur einen notwendigen Schritt auf dem Weg zur Internationalisierung der Kultur. Diese politische Utopie kippte jedoch sehr schnell, und stattdessen wurden viele jener Schriftsteller verfolgt, die versuchten, den geforderten Inhalt in ihre jeweiligen nationalen Sprachen zu übertragen. Ulizkaja setzt jene kulturgeschichtliche Forderung in einer anderen Nuancierung um und realisiert in der literarischen Form, was in der realen Geschichte der Sowjetunion gescheitert ist.

Durch die Einbindung der Lebensgeschichte von Medeas Ehemann Samuel bricht die Wirklichkeit der historischen Zeit ein in die monolithisch-mythische Zeit des Romans. Samuel ist eine Figur der politischen Gegebenheiten, vermittels derer die Verbrechen und Tragödien der Zeit erzählt werden. Das Schicksal der Figur Samuel befindet sich nicht außerhalb der Zeit, wie dies für Medea gilt, sondern gehört zur historischen Zeit des Romans. Erst in dem Moment, in dem Samuel durch die Auseinandersetzung mit den sakralen Texten seine jüdische Zugehörigkeit als eine religiöse bewusst wird, kann seine Zeit für einen Moment mit der mythischen Zeit Medeas konvergieren – wenn das

Nationale als Form aufgegeben und der Weg zum Sakralen frei wird.

So eröffnet Ulizkajas Roman zwei Zugänge zur Frage nach der Bedeutung jüdischer Zugehörigkeit: In Medeas Welt wird sie einzig durch die Religion festgelegt, während sie in der dargestellten sowjetischen und postsowjetischen Wirklichkeit ethnisch-politisch bestimmt ist.

Fragmente des Seins

Der im hebräischen Original 1991 publizierte Roman *Christus der Fische* von Yoel Hoffmann besteht aus 233 kurzen und – je für sich genommen – einzigartigen poetischen Einheiten. Knappe philosophische Reflexionen, Traumsequenzen und anekdotenhafte Beschreibungen sind mit Bruchstücken der Familiengeschichte des Ich-Erzählers verbunden, verschiedenartige Elemente aus der griechischen Philosophie und Prinzipien des Zen-Buddhismus oder der christlichen Lehre mit humorvollen und zuweilen ironischen Momentaufnahmen zusammengefügt. In den Fragmenten verstreut finden sich immer wieder Mitteilungen zu den unterschiedlichen Lebenswegen von Mitgliedern der Familie, die aus Österreich-Ungarn nach Palästina ausgewandert sind. In der besonderen Perspektive Nathans, des Ich-Erzählers, werden dessen Kindheitserfahrungen mit den Geschichten seiner verstorbenen Familienmitglieder verknüpft: Da sind der Vater, Dr. Theodor Weiß, der Onkel Herbert, ein Philologe und Spezialist für Sanskrit, und die aus Wien stammende Tante Magda. Aus der Anordnung der Fragmente des Romans entsteht ein ästhetisches Ganzes, das sich dem Leser nicht auf den ersten Blick zugänglich macht.

Das Besondere des Textes entsteht aus der auf allen seinen Ebenen enthaltenen Spannung zwischen dem Willen zur universal gültigen ästhetischen Form, die ethnische Zugehörigkeit neutralisiert, und dem Versuch, eine persönliche jüdische Familiengeschichte zu erzählen.

Kindheitserinnerungen

Der Text schafft eine sehr spezifische narrative Situation durch die Konturierung des Ich-Erzählers Nathan Weiß. Dieser Ich-Erzähler bewahrt in seinen Kommentaren zugleich eine kindliche Sichtweise und eine Erwachsenenperspektive:

»Ich erinnere mich, wie die Mandelbäume in Palästina blühten. Mein Vater hielt mich [in arktischer Kälte. Ich war damals ein kleiner Pinguin] dicht an seinem Bauch und redete mit Onkel Herbert auf den Feldern im Osten Ramat Gans von Schopenhauer und von Kant. Nordwind wehte. Die Luft war sehr niedrig. Doch ich wußte, wenn mein Vater mich fallen ließe, würde Onkel Herbert [der große kinderlose Pinguin] mich zu sich nehmen, zwischen seine Füße.«

In dieser doppelten Perspektivierung erscheint als der Erinnernde jener erwachsene Erzähler, und die in den eckigen Klammern eingefügten Sätze verweisen auf die Wahrnehmungswelt des Kindes Nathan. Auch wenn diese Struktur nicht in allen Textpassagen konsequent durchgehalten ist, wird diese doppelte Perspektive doch in allen jenen Fragmenten wirksam, die Erinnerungen an die Kindheit des Ich-Erzählers wiedergeben. Diese Kindheitserinnerungen werden nicht chronologisch erzählt, sondern sind wie unvermittelt wirkende kaleidoskopartige Miniaturen angeordnet. Will der Leser die Biographie der Figur des Nathan Weiß rekonstruieren, so wird er nur knappe Informationen finden: Nathans Mutter hat die Geburt nicht überlebt, und als er in der zweiten Schulklasse war, starb sein Vater, ein halbes Jahr später auch sein Onkel Herbert. Der Roman endet mit dem Tod der Tante Magda, welcher bereits im ersten Textfragment angedeutet wurde. Der Text reflektiert nicht nur die individuellen Kindheitserinnerungen Nathans, sondern durch und über diese auch die Geschichte der anderen Familienmitglieder. Minna Proctor hat darauf aufmerksam gemacht, dass in der Erzählerstimme in *Christus der Fische* auch die Erinnerungen seiner Tante Magda bewahrt sind.

Der Erinnerungsraum der Kindheit enthält auch jene poetischen Prinzipien, nach denen der gesamte Text strukturiert ist. Ein Beispiel hierfür ist das vierte Fragment:

»In der dritten Klasse [ein Jahr, nachdem mein Vater starb] schrieb ich einen Aufsatz: Was sehe ich auf dem Markt. Ich sah einen mongoloiden Mann in einem Fischladen. Jemand kämmt ihm jeden Morgen das Haar und zieht seinem Leib ein weißes Hemd an. Dann nimmt man ihn an der Hand [vielleicht sagt man: ›Frau Sonne scheint schon‹] und bringt ihn zum Fischladen, und dort, im Laden, steht er den ganzen Tag neben dem Faß und schaut die Fische an. Wie gut, daß er als Sohn von Eltern geboren wurde, die einen Fischladen haben! Die Lehrerin schrieb unten auf die Seite: Du solltest *alles* beschreiben, was du siehst.«

Die Prinzipien, nach denen der kindliche Ich-Erzähler aus der Gesamtheit der Bilder des Marktes auswählt, entsprechen den ästhetischen Strategien des Romans und jener spezifischen Spannung, die wir bereits eingangs beschrieben haben. Yehudit Barel deutete dieses Fragment als die Essenz der Poetik des Romans. Durch die Komposition einer naiven Erzählperspektive eines Kindes, so Barel, werden die Prinzipien der Weltbeobachtung gemäß der Auswahl der erzählten Details enthüllt. Den Normen des realistischen Erzählens der Lehrerin, die eine konventionelle, eine breite Ausgestaltung in der Beschreibung der gesamten Wirklichkeit verlangen, wird eine Dokumentation des Partiellen, des Möglichen, ja des Abseitigen entgegengestellt. Das Fragment stehe beispielhaft für die literarischen Prinzipien des Romans, in dem Hoffmann eine Poetik des Marginalen und Unbedeutenden und nicht eine Poetik des Fundamentalen umsetze. Laut Barel geht es Hoffmann in diesem Roman weniger um eine Lebensbeschreibung einer Gruppe von Immigranten in Palästina, sondern um eine genaue Vermessung der Modi des menschlichen Bewusstseins und seiner Inhalte. Die verborgene Aussage des Romans bestehe darin, dass das scheinbar Randständige dasjenige sei, das unser Bewusstsein füllt und von unserem Gedächtnis bewahrt wird. Für Hoffmann biete dieser Weg der Erkundung von Bedingungen des Wissens eine Möglichkeit, die Literarisierung der realen Geschehnisse des Lebens zu vermeiden. Barel interpretierte Hoffmanns atomistischen Modus der Repräsentation als einen Versuch, die literarischen Kategorien der Kausalität, Kontinuität und epischen Dimension des Erzählens abzuwehren, mit denen Literatur vorgibt, die Vergangenheit berührbar zu machen. Anstatt dessen untergrabe Hoffmann die Hierarchie der erzählten Details durch die Repräsentation des Unbedeutenden. Diese ästhetische Strategie sei für den Autor das privilegierte Verfahren, jene Dinge in der Weise spürbar zu machen, in der sie auch das menschliche Gedächtnis bewahrt.

Die erzählerische Geste in Hoffmanns Roman literarisiert Erinnerung, ohne eine vollständige Präsenz des Vergangenen zu behaupten. Es scheint, als werde die Kindheit nach einem ästhetischen Prinzip durchsucht, dessen Konsequenzen in der besonderen Ironie des Romans auch für die großen Geschichtserzählungen geltend gemacht werden:

»Wenn einst das große Epos ›*Herr Doktor Staub in Erez Israel*‹ geschrieben werden wird, wird man erzählen, wie *Herr Doktor Staub* mit dem Autobus zu Hugo Jakobsons Haus nach Ramat Haschawim fuhr. Was suchte *Herr Doktor Staub* zwischen den Hühnerställen? Hugo Jakobson war doch schon tot. Und selbst wenn er nicht tot gewesen wäre, so hatte er doch bereits [neunzehnhundertsechsunddreißig, in Braunschweig] die These von Rudolf Carnap und Moritz Schlick widerlegt, daß die Dinge per se nicht zu fassen seien.« (Fragment 183)

In dieser Ästhetik des Nebensächlichen führt die Fülle von Details zu einem *effet de réel*, der nicht durch detaillierte Beschreibungen der Räume und der nichtsprachlichen Handlungen, sondern durch das Unterlaufen der Realitätsillusion traditioneller Erzählweisen entsteht. Dieser Wirklichkeitseffekt bezieht sich auf die Formen des menschlichen Bewusstseins und dessen Reflexion in diesem ästhetisch höchst komplexen Roman.

Zen

Manche der Fragmente in *Christus der Fische* erinnern in Form und Gehalt an die ästhetische Programmatik der klassischen Zen-Dichtung. Die Prinzipien des Zen liegen im Zusammenspiel von Konzentration und Beobachtung zur Sammlung des Geistes und mit dem Ziel jener Versunkenheit, in der dualistische Unterscheidungen wie ›Subjekt und Objekt‹, ›wahr und falsch‹ aufgehoben sind. Der Weg des Zen ist eine mystische Erfahrung, klassische Zen-Dichtung versucht, an den Zuständen teilhaben zu lassen, die der Zen-Meister durch Versenkung erreicht hat. Zen-Gedichte entwerfen also keine beschreibenden Bilder, sondern versuchen, in einer fast kunstlosen Unmittelbarkeit diese Erfahrung spürbar zu machen. Die Zen-Philosophie betont, dass Worte nicht die wirkliche Welt erfassen können, die ästhetische Strategie von Zen-Dichtung zielt entsprechend nur auf eine Annäherung, ein flüchtiges Streifen der Erkenntnis. Insofern gleichen sich Gedicht und Zen-Meditation: Beiden muss sich ganz überlassen werden, für beide muss man die gewohnte Rationalität aufgeben, um den Ablauf des Augenblicks nachvollziehen zu können. In der Auffassung des Zen-Buddhismus wandelt sich die Natur der Wirklichkeit unablässig und entzieht sich so dem Bemühen, sie mit den Mitteln der Sprache zu beschreiben. Die Benennung der Dinge führt in dieser Perspektive zu der Illusion, die Struktur der Natur sei die gleiche wie die Struktur der Sprache, Natur sei eine Vielheit von verschiedenen Dingen und nicht eine Welt von wechselnden Beziehungen.

Die zen-buddhistischen Seinserfahrungen entfalten sich nicht auf der Ebene der begrifflichen Sprache, aber Sprache kann als eine Strategie des Zen-Buddhismus beschrieben werden: Verrätselung und Verknappung der Worte sind ein Weg zur geistigen Versenkung. Hier wird die Parallele zur Ästhetik des Romans von Yoel Hoffmann deutlich. Er übersetzt die zen-buddhistische Praxis in die poetische Form. So werden im Roman nicht zen-buddhistische Inhalte repräsentiert –

vielmehr dient der Gebrauch der Formen des Zen der Manifestation einer vergleichbaren Perspektive auf die Sprache als Mittel der kontinuierlichen Gestaltung.

Ein Rückbezug auf Viktor Schklowskis Theorie der Verfremdung kann helfen, diese Strategie in Hoffmanns Text zu erklären. Svetlana Boym hat in ihrer Interpretation von Schklowskis Essay »Kunst als Verfahren« hervorgehoben, dass dessen Konzept der Verfremdung, also der Entautomatisierung der sprachlichen Wahrnehmung im Wortkunstwerk, sich eher auf den künstlerischen Prozess als auf das künstlerische Ergebnis bezieht. Indem die Dinge verfremdet werden, so Boym, übertrage der Künstler sie nicht nur aus einem Alltagskontext in einen künstlerischen Rahmen, sondern trage auch dazu bei, die Empfindung zu revitalisieren, die Welt neu zu erfahren. In Hoffmanns Roman fungiert die Zen-Form als ein Instrument der Verfremdung, das in den Worten von Boym eher eine Frage als eine Antwort repräsentiere.

Im Bezug dieser Thesen auf den hier diskutierten Roman lässt sich sagen, dass der Text keine stabile Einheit, sondern einen strukturierten Prozess eröffnet, in dem es weniger um die Freilegung von Sinn als um die permanente Reflexion der Welterfahrung durch Sprache geht. Dabei ist jedes einzelne der Fragmente in *Christus der Fische* für sich bedeutsam und verweist zugleich auf den Zusammenhang, dem es entstammt. Im Ensemble der 233 Texteinheiten scheint das Ganze der Welt enthalten zu sein. In den Bruchstücken und im Zwischenraum der Fragmente wird eine Dialektik von Totalität und Fragment sichtbar und ein Erinnerungsraum eröffnet, in dem die Möglichkeiten und Grenzen von Erinnerung ausgelotet werden. Zugleich sind auch

Konstruktionen von Zugehörigkeit ein Bestandteil dieses Prozesses. In einer paradoxen Weise dient die Form des Zen in Hoffmanns Text zugleich auch als Repräsentationsform einer Begrenzung, als eine Markierung der Differenz von zen-buddhistischer und poetischer Praxis, denn die Verfremdung macht die Grenzen zwischen dem Leben und der Kunst sichtbar, ohne vorzugeben, diese aufheben zu können:

»... all die Dinge, die das Herz vergisst: Wasserpflanzen zum Beispiel, am Strand von Tel Aviv. *Baklawa.* Das Buch Nehemia. Magensäfte. Doppelte Anführungszeichen. Schnallen. Kochanleitungen. Das Funkeln von Lichtern. Parzellierungskarten. Glasscheiben. Fahrradreifen. Die Zeichnung eines Pfeils mit zwei Herzen [oder die Zeichnung von zwei Pfeilen und einem Herz] und Namen wie *Kurt.*« (Fragment 49)

Die besondere Form der Darstellung, die aus der Reflexion der Zen-Form für den Roman resultiert, unterläuft eine mit dem Anspruch auf Objektivität auftretende Schreibweise. Durch die Fragmentierung und die Widersprüchlichkeit der Form von Hoffmanns Roman wird ein kontinuierliches, kausales und chronologisches Erzählen unmöglich. Dies hat auch einen unmittelbaren Effekt auf die im Roman erzählte Zeit. In Yoel Hoffmanns besonderer Erzählweise wird eine Art monumentaler Gegenwart erzeugt, in der die einzelnen Augenblicke kein zeitliches Kontinuum darzustellen vermögen – es gibt immer nur einen bestimmten Augenblick, und dann einen weiteren, und immer so fort:

»Meine Mutter brachte mich zur Welt und starb [in dieser zeitlichen Nähe liegt so etwas wie der Beweis einer perfekten Ordnung]. Deshalb suchte mein Vater in seinen Büchern, bis er einen Namen für mich fand, den man auch von hinten nach vorne lesen konnte, und blieb [er, Doktor Theodor Weiß, Hals Nasen Ohren] allein.« (Fragment 10)

Diese Art punktuellen Erzählens splittert die Geschichte in einzelne Augenblicke auf, anstatt eine fortlaufende, sich zu einer Gesamtheit zusammenfügende Handlungsabfolge zu bilden. Es reflektiert die Funktionsweise des menschlichen Bewusstseins, in dem Serien von Augenblicken aufeinander folgen, ohne dass es uns gelingt, diese unmittelbar in einen kausalen und chronologischen Zusammenhang zu bringen. Dies gilt umso mehr, als zwischen diesen einzelnen Elementen Lücken entstehen – auch diese versucht der Roman zu literarisieren. Nicht alle Bestandteile des Textes sind vollständig, immer wieder fehlen einige Teile. Es entstehen Abgründe, die eine strukturelle Rolle spielen, und dies nicht als bloße Leere, sondern als schöpferische Kraft. Diese Spannungen im Text bestimmen seine Lektüre, die nur bei Berücksichtigung all dieser Elemente der Diskontinuität, Lückenhaftigkeit und zum Teil sogar Widersprüchlichkeit auf adäquate Weise möglich ist.

Christus der Fische

Im Titel des Romans findet sich eine weitere Erscheinungsform jener ästhetischen Spannung, die den Kern des Textes von Hoffmann ausmacht. Der enigmatische Titel erweckt im Leser eine Erwartung, die im Leseprozess erklärt werden muss. Dabei stellt sich heraus, dass der Titel eine doppelte Funktion besitzt: auf einer intradiegetischen und auf einer metapoetischen Ebene des Romans. Die erste Ebene bezieht sich auf die Geschichte von einem Karpfen, die über mehrere Fragmente verteilt im Roman erzählt wird (Fragmente 6, 103, 104, 105, 172 und 173). Diese Geschichte illustriert dasjenige, was Yehudit Barel in ihrer Analyse des Romans eine »Poetik des scheinbar Randständigen« genannt hatte. Denn was zunächst bei der Lektüre des ersten auf den Karpfen bezogenen Fragments marginal erscheint – die Entscheidung Tante Magdas, den Karpfen zu retten, den ihr ihre Freundin Berta zum Pessachessen mitgebracht hatte, und die gut gemeinte, aber fehlgeleitete Anweisung, die sie Onkel Herbert gab, als sie ihn bat, den Karpfen (einen Süßwasserfisch) zurück ins Meer zu bringen –, erweist sich später im Text als äußerst wichtig. Die Erklärung des Titels ist jedoch erst gegen Ende des Romans, in Fragment 173, zu finden:

»Was wollte das Hologramm auf der Welt? Meine vom Rheuma geplagte Tante Magda? Ein altes Manuskript? Vielleicht war es ihm, meinem Onkel Herbert, kraft eines sonderbaren Karmas bestimmt, daß er zur Zeit der Zerstörung [wie eine Art Christus der Fische] aus der Totenwelt zurückkehre.«

Hier enthüllt der Erzähler nicht nur die Bedeutung des Titels, darüber hinaus wird auch der Zahl 173 eine symbolische Bedeutung zugeschrieben. In den vorausgegangenen Fragmenten hatte der Erzähler den Jom-Kippur-Krieg erwähnt. So scheint die Zahl 173 diesen Krieg aus dem Jahre 1973 zu evozieren. Angesichts der nahezu apokalyptischen Vision des Fragments, in welcher Onkel Herbert als eine Art Christus der Fische von den Toten aufersteht, kommt dem offenkundig eine Bedeutung zu.

Das zentrale Thema dieses Romans ist der Tod. Im Bewusstsein der eigenen Endlichkeit beschreibt der

Ich-Erzähler den Verlust von Mutter, Vater und den weiteren Verwandten. Der Karpfen, den Tanta Magdas Freundin Bertha am Vorabend des Pessachfestes aus dem Jordantal mitgebracht hatte, soll vor dem Tod bewahrt werden:

»Am dritten Tag verkündete Tante Magda, daß der Karpfen ›genauso denkt wie wir‹, und schickte Onkel Herbert [er war Experte für Sanskrit], den Karpfen ins Meer zurückzubringen.« (Fragment 6)

Doch im Meer kann der Süßwasserfisch nicht überleben, was Onkel Herbert jedoch nicht bewusst ist:

»Wie Leibniz und Hume unterschied er zwischen Wahrheiten, die in den Tatsachen liegen [wie ›es gibt Lebewesen im Meer‹], und notwendigen Wahrheiten [wie ›alle Fische sind Lebewesen‹]. Er disputierte mit Kant. Aber er wußte leider nicht, daß der Karpfen [*Cyprinus carpio*], den ›ins Meer zurückzubringen‹ Tante Magda ihm aufgetragen hatte, im salzigen Wasser sterben würde.« (Fragment 103)

Mit den Namen Hume und Leibniz wird eine philosophische Konstellation evoziert, die nicht nur für die auf den Titel des Romans bezogenen Fragmente, sondern für den Text insgesamt von Bedeutung ist und die wir als zweite Ebene der Bedeutung des Romantitels verstehen.

In der Philosophie stellt der Kontingenzbegriff die Zufälligkeit des Lebens einer übergeordneten schicksalhaften Notwendigkeit entgegen. Die ästhetischen Prinzipien dieses Romans entsprechen der Kontingenz als einer in hohem Maße offenen Form der Möglichkeit bei gleichzeitiger Nichtnotwendigkeit. In der Konsequenz dieser Poetik der Kontingenz in Yoel Hoffmanns Roman wird die Endlichkeit menschlicher Existenz sichtbar, die sich darin äußert, dass ebendiese Existenz auch anders verlaufen oder überhaupt nicht sein könnte. Im Gegensatz zu anderen Texten, die Kontingenzerfahrung auf der Ebene der *histoire* literarisieren – David E. Wellberry hat dies beispielsweise für Laurence Sternes *Tristram Shandy* als Roman vom Zufall der Geburt eindrucksvoll nachgewiesen –, ist es im Falle von Yoel Hoffmanns Roman zunächst die literarische Form, in der die prinzipielle Offenheit und Ungewissheit menschlicher Lebenserfahrungen aufgehoben ist. Der Text gibt demjenigen literarische Form, das weder notwendig ist noch unmöglich, das stets auch anders möglich ist. Diese poetische Komposition im Horizont möglicher Abwandlungen bedingt die Anordnung und die Ausarbeitung der einzelnen Fragmente. Der Titel des Romans ist ikonisches Zeichen dieser Poetik der Kontingenz. »Christus der Fische« steht für die kontingente Wahrnehmung der Welt, für Unterscheidungen und Konstruktionen, welche immer so und auch anders sein und gemacht werden könnten. Die einzige Konstante in dieser komplexen Konstellation ist der Tod.

Zugleich evoziert der Titel in ironischer Weise Spiritualität und Religion als Strategien des Menschen, mit Kontingenzerfahrungen umzugehen. Hermann Lübbe hat gezeigt, dass Religion ihren lebenspraktischen Ort in der Bewältigung der Unverfügbarkeit unseres Daseins hat. Die Festlegung, dass auch die Zufälle des Lebens einen höheren Sinn haben, den der Mensch zunächst nicht zu erkennen vermag, ist eine Hilfestellung für den Umgang mit diesen Herausforderungen. Dafür ist der Glaube an die Existenz eines höheren Wesens, an einen Gott, von wesentlicher Bedeutung. Eine Bedingung hierfür besteht darin, dass dieses höhere Wesen nicht zufällig da ist, sondern bestimmt, dem Unverfügbaren Sinn zu verleihen. Jener Christus der Fische indes, und dies ist die ironische Wendung des Textes von Hoffmann, ist aufgrund eines »sonderbaren Karmas« dazu bestimmt, dass er aus der Totenwelt zurückkehrt. Das spirituelle Konzept des Karmas setzt jedoch keinen Gott voraus, sondern ist als Folge einer dem Menschen nicht zwangsläufig bewussten Handlung letztendlich durch den Zufall bestimmt.

Als Konsequenz der Unvermeidlichkeit des Kontingenten indes steht in Hoffmanns Roman nicht die Abwehr des Religiösen, im Gegenteil. Als am Ende des Romans auch Tante Magda stirbt, ruft die kurz zuvor Erblindete im Moment des Todes den Namen von jenem Christus der Fische, den Namen Onkel Herberts:

> »Kraft dieser Anrede [in der Blindheit; zwei oder drei Wochen vor ihrem Tod] sah sie einen großen Anblick, und darin waren alle Dinge. Sie sah die Seele des Karpfens. Und die Seele der Vögel. Und die Seele der Nadeln. Und die Seele der Porzellanfiguren. Und die Seele des Bügeleisens. Und die Seele der Handtasche. Und die Seele des Ingwers, der Vanille und der Spielkarten. Und sie wußte [oh, sie wußte!], daß diese Welt in die kommende Welt weiterführt, so wie sie ist. Es gibt keine Teilung. Nur die Richtungen verkehren sich.« (Fragment 233)

Dieses letzte Fragment des Romans verknüpft die Erfahrung des Unverfügbaren mit der gleichzeitigen Notwendigkeit der Entstehung des Religiösen aus dem menschlichen Geist. So führt die Poetik der Kontingenz in diesem Roman zu einer besonderen Konstellation: einer poetischen Ironisierung der Vernunft zugunsten des Glaubens.

Hier ist auch einer der wesentlichen Gegensätze in der Auffassung des Religiösen zu Ljudmila Ulizkajas Roman *Medea und ihre Kinder* zu sehen: Für die Figuren in Ulizkajas Roman ist die Religion ein universales Gesetz, das dem Leben Sinn verleiht und eine Ordnung etabliert und nach dem die Menschen sich richten können. Die Kontingenzerfahrung in *Medea und ihre Kinder* ist politischer Natur. In Ulizkajas Roman tröstet Religion und hilft über den Verlust geliebter Menschen hinweg.

Die schönste Sache auf der Welt

In seinem Essay »Kunst als Verfahren« hatte Viktor Schklowski 1916 erklärt, dass es die Aufgabe der Kunst sei, den Wahrnehmungsprozess zu verlängern, denn dieser sei ein Ziel an sich. Der Roman *Christus der Fische* präsentiert sich als Prozess, der auch nicht mit dem Tod der Tante Magda beendet werden kann. Die Anzahl der Fragmente könnte verändert werden, da der Text keine stabile Einheit darstellt. Einzig der Prozess der Erinnerung ermöglicht den Zusammenhalt der poetischen Einheiten. Im Zusammenspiel der Reflexion von Kindheitserinnerungen, der Transformation der Ästhetik des Zen und der Poetik der Kontingenz rückt der Prozess des Erzählens mehr und mehr ins Zentrum der Aufmerksamkeit. Zu jenem künstlerischen Verfahren, das nach Schklowski diesem Ziel dient, kommen in diesem Text weitere hinzu. Bei Schklowski bildete das Verfahren der erschwerten Form die Basis der verlängerten Wahrnehmung, die dazu führen soll, ein verloren gegangenes Gespür für die wahre Natur der Dinge wiederzuerlangen. Hoffmann wählt in seinem Roman einen längeren Weg: Was zunächst einfach scheint, wird bei näherer Auseinandersetzung immer fremder und komplizierter, und statt auf einen wahren Kern der Dinge wird der Leser in ein Kaleidoskop von Verschiebungen geführt, in dem jede einzelne formale Entscheidung unzählige andere nach sich zieht, bis anstelle einer geschlossenen Wahrnehmung ein ganzes Feld von Assoziationen entsteht. Eines der Fragmente legt diese ästhetische Strategie des Romans offen:

> »Warum ich all diese Dinge erzähle? Indem ich immer weiter erzähle, werde ich eines Tages [ganz zerstreut] wissen, was die schönste Sache auf der Welt ist. Und wenn ich das weiß, werde ich [auch wenn es ein Glas mit schwarzem Pfeffer ist] sagen: Dieses Ding ... dieses Glas hier ... mit dem schwarzen Pfeffer ... ist die schönste Sache auf der Welt.« (Fragment 7)

In Yoel Hoffmanns Roman macht der poetische Prozess den Kern der ästhetischen Wahrnehmung aus. Die Sprache der universalen Form dieses Romans ist neben jiddischen und deutschen Einschüben das Hebräische. Es scheint, als gehe es dem israelischen Autor Yoel Hoffmann durch die Betonung der Prozesshaftigkeit des literarischen Textes auch um eine metapoetische Reflexion über jüdische Literaturen, die normativen, homogenisierenden Bestimmungsversuchen entgegensteht. Dan Miron hat den bewusst fragmentarischen Ausdruck als einzig authentische literarische Form des israelischen Kollektivs angesehen, der an der Grenze zwischen mehreren kulturellen Erfahrungen liege, deren jeweilige Charakteristika miteinander vermischt seien, ohne eine kulturelle Synthese herzustellen.

Hierin unterscheidet sich das Schreiben Yoel Hoffmanns von dem anderer, in Europa weitaus bekannterer Schriftsteller aus dem Kanon der zeitgenössischen hebräischsprachigen Literatur, wie zum Beispiel dem von Amos Oz oder David Grossman. Hoffmann will mit seinem Schreiben nicht zu einer Etablierung einer israelischen Nationalliteratur als Komplement des eigenen, unabhängigen Staates beitragen. Der Roman *Christus der Fische* fordert diese Denkkonventionen heraus und verdeutlicht in seiner spezifischen Formgestalt, dass hebräische, dass jüdische Literaturen nur als Prozess, als Verfahren, und nicht ausschließlich als Resultat sinnvoll betrachtet werden können. Damit jedoch fordert der Text auch das Konzept einer a priori gegebenen jüdischen Zugehörigkeit heraus.

Ethik der Zugehörigkeit

Jüdische Zugehörigkeit wird in dem Roman *Sepharad* von Antonio Muñoz Molina nicht als eine ›ethnische Kategorie‹ verstanden, sondern als die ethische Realisierung einer Metapher. Dieser Prozess wird durch eine spezifische ästhetische Strategie in Gang gesetzt, was auf zwei narrativen Ebenen geschieht: Der implizite Autor konstruiert mehrere verantwortliche Erzähler, und im Prozess der Lektüre wird ein verantwortungsbereiter impliziter Leser gestaltet. Dementsprechend soll sich das folgende Kapitel auf die narrativen Verfahren konzentrieren, die in dem Roman jenen Übergang vom Ethnischen zum Ethischen kennzeichnen.

Bei einer ersten Lektüre von *Sepharad* lässt die Intensität der einzelnen spannungsreichen Erzählungen keinen Raum für die Frage nach einem Erzähler. Doch auch wenn diese Frage schließlich gestellt wird, sind die Erzählstimmen dieses polyphonen Romans schwer exakt zu bestimmen. Welcher der Erzähler spricht – sei es der Arzt mit Frau und Kind, der ehemalige Soldat der Blauen Division, oder die Spanierin, die als kleines Mädchen mit ihren Eltern in die Sowjetunion immigrierte –, ist nicht immer unmittelbar und klar zu unterscheiden. Diese Form des Erzählens, auf die der Untertitel des Buchs – *Una novela de novelas*, ein Roman der Romane – bereits hinweist, konstituiert eine Poetik der Wiederholung, die etwa auch das *Lied der Lieder*, das *Hohe Lied* Salomos auszeichnet. So wie das *Hohe*

Lied die Liebe in Worten besingt, die das liebende Sprechen zu verschiedenen Zeiten und an verschiedenen Orten ausmachen, versucht Molina mit dem Roman ein Hohes Lied der »ungeschriebenen Geschichten« von Einzelnen zu schreiben. Dieser Akt des narrativen Rückbezugs ist eine der formalen Bedingungen, die dem Roman universale Gültigkeit verleihen. Durch die dem *Hohen Lied* analog gesetzte Struktur der Wiederholung entstehen immer wieder neue Sinnbezüge und Bedeutungen. Im Gegensatz zum *Hohen Lied* erlaubt der Roman jedoch ausdrücklich keine allegorische Lektüre, da hierdurch die Einzigartigkeit der Geschichte jedes menschlichen Lebens aus dem Blick geriete. Der Autor dieses Textes teilt nicht die historischen Erfahrungen seiner Protagonisten, und er gibt auch nicht vor, dies zu tun. Es sind die Mehrstimmigkeit und die vielfältigen Repräsentationen der menschlichen Schicksale, die den Erzähldiskurs des Romans charakterisieren.

Zugleich hat diese Komplexität der narrativen Situation kontroverse Lektüren evoziert. Durch die Verknüpfung realer und fiktionaler Schicksale entstand aus unserer Sicht ein Missverständnis: In manchen Rezensionen, insbesondere in Deutschland und den Vereinigten Staaten, wurde dem Roman eine Relativierung des menschlichen Leids vorgeworfen. Wir möchten indes eine andere Lesart vorschlagen und versuchen zu zeigen, dass letztlich genau diese Verknüpfung Muñoz Molina erlaubt hat, die ethische Dimension seines Romans zu erschaffen.

Im Gegensatz zu Texten, die dazu neigen, eine vielstimmige Erzähltechnik als ästhetisches Spiel im Sinne einer Erweiterung der Gesetze des Erzählens zu inszenieren, ist der Erzähldiskurs im Roman *Sepharad* immanent ethisch oder sogar didaktisch intendiert. Die Form des Textes involviert den realen Leser in einer herausfordernden, nahezu aktiven Art in den Prozess des Erzählens und versucht so, jenseits der Logik der Fiktion auf ihn einzuwirken.

Einerseits ist die Form des pluripersonalen Erzählers nicht neu und hat eine Tradition in vielen Literaturen, doch in diesem Roman von Antonio Muñoz Molina entsteht aus der spezifischen Verwendung dieser Form etwas Neues. Wie in anderen Texten mit mehreren Erzählstimmen, zum Beispiel in Italo Calvinos *Se una notte d'inverno un viaggiatore* aus dem Jahr 1979, in Juan Goytisolos *Paisaje después de la batalla* oder in manchen Romanen Nuruddin Farahs, sind auch in *Sepharad* verschiedene Personalpronomen und damit Sprechformen enthalten, doch im Gegensatz zu jenen Texten hat hier keines der Pronomen eine einzelne spezifische Bedeutung oder Funktion im Text. Jedes der einen je unterschiedlichen Erzähler bezeichnenden Personalpronomen findet sich im Roman zumindest zweimal und ist jedes Mal auf eine andere Person oder andere Personen bezogen. So bezeichnet zum Beispiel das »Wir« am Beginn des Romans eine Gruppe von Menschen neben dem Erzähler, die in jungen Jahren gemeinsam mit diesem aus einer kleinen Provinzstadt nach Madrid gekommen sind. Diese »Wir«-Gruppe teilt Erinnerungen und ein Gefühl der Nostalgie: »Wir leben jetzt fern unserer kleinen Stadt, aber wir haben uns noch nicht daran gewöhnt, so weit fort von ihr zu sein, und wir pflegen gern die Sehnsucht nach ihr.« Am Ende des Romans, an dem lange Passagen ebenfalls in der ersten Person Plural erzählt werden, bezieht sich das »Wir« auf den Protagonisten und seine Frau: »Doch jetzt erinnere ich mich an den Morgen unseres zweitletzten Tages in New York, während dieser merkwürdigen Niemandszeit, in der wir schon nicht mehr ganz an dem Ort sind, den wir noch nicht verlassen haben.«

Das komplizierteste Erzählphänomen des Romans ist an die Verwendung von Ich-Erzählstimmen gebunden. In den verschiedenen Varianten eines erzählenden »Ich« finden sich Männer und Frauen jeden Alters, jeder Herkunft und jeder Zeit. Zu Beginn der Kapitel stellt sich die Frage nach der Erzählstimme erneut, und analog zum Leser hat auch der Erzähler an manchen Stellen Schwierigkeiten, sich selbst zu bestimmen: »Starr vor Kälte bin ich aufgewacht, und ich weiß nicht, wo ich bin, nicht einmal, wer ich bin. Sekundenlang war ich ein Feuerblitz reinen Bewusstseins, ohne Identität, ohne Ort, ohne Zeit.«

Die Erzählstruktur dieses Romans besteht aus mehreren Erzählstimmen. Daraus resultiert jedoch nicht notwendigerweise eine Dekonstruktion der Sprechautorität. Es findet sich hier eine Übereinstimmung mit den Thesen Michail Bachtins, der für die Realisierung einer Redevielfalt im Roman die Gleichwertigkeit der Erzählstimmen als grundlegend ansah. Keine der Stimmen sollte einen Wissensvorsprung besitzen. Und so können die Erörterungen zur Poetik Dostojewskis, in denen Bachtin den polyphonen Roman mit einer Vielzahl von divergierenden Stimmen und Perspektiven als den Gegensatz eines abgeschlossenen, ein für allemal bestimmten Diskurses beschrieben hat, auch für den Roman *Sepharad* geltend gemacht werden. Diese Romanform, so Bachtin, erlaube keine klar definierte Vorstellung des Protagonisten; welche Erzählinstanz spreche, könne nicht genau beantwortet werden, vielmehr bestärke die Redevielfalt Fragen nach dem Selbst und das Fragen des Anderen in einem kontinuierlichen und unabgeschlossenen inneren Dialog. Der Roman *Sepharad* stellt ähnliche Fragen, er fordert den Leser heraus, und wie im Falle der Erzählungen in der ersten Person sind auch die Erzählungen in der zweiten Person in Molinas Text radikal ausgestaltet. Es gibt kein stabiles »Du«, an das der Text gerichtet ist, der oder die Angesprochene ändern sich von Kapitel zu Kapitel. Das »Du« gilt etwa als Selbstanrede des Erzählers, oder mit ihm wird die Frau einer anderen Erzählstimme angesprochen, aber in einem der Kapitel des Romans auch eine bedeutende historische Figur wie Jewgenija Ginsburg, und schließlich auch der Leser selbst. Brian Richardson hat in seinem Essay zur Poetik und Politik der Erzählung in der zweiten Person geltend gemacht, dass die Leseranrede des »Du« die ontologische Stabilität der fiktionalen Welt unterminiere, da es sowohl den Leser als auch die zentrale Figur der Erzählung anspreche. Richardson hat drei Formen der Leseranrede unterschieden, und jede dieser Formen, das sei bereits hier erwähnt, ist im Roman *Sepharad* zu finden.

Leseranreden finden sich im Allgemeinen zumeist im Präsens und entweder in der ersten oder dritten Person. Die Wahl des »Du« ändert den Ton einer Erzählung und einer Sprechsituation des Erzählers grundlegend und macht den Akt des Erzählens ungewöhnlich und damit als ästhetisch Gemachtes sichtbar. Dies findet sich in Romanen oftmals dann, wenn der Erzähler Vergangenes erinnert, in *Sepharad* beispielsweise an dieser Stelle: »Du warst das Kind, das aufmerksam und mit glänzenden Augen einem anderen lauschte, das Geschichten oder Filme erzählte, das um eine weitere Geschichte bat, damit die Mutter noch nicht ginge und das Licht ausmachte.«

Richardson charakterisiert die zweite Form der Leseranrede als Möglichkeitsform, in der Erzähler und erzählte Person klar unterschieden sind und zumeist Imperativ oder Futur verwendet werden. Auch hierfür gibt es einige Beispiele in *Sepharad*, und in diesen Passagen ist die angeredete und insofern erzählte Person stets eine Frau – in einer der Geschichten die Frau des Erzählers, in einer anderen Margarete Buber-Neumann, in einer dritten Jewgenija Ginsburg.

Der Roman erinnert so die Lebenstragödien der beiden Letztgenannten, die Opfer eines totalitären Regimes und zugleich Opfer ihrer Männer waren: »Du glaubst zu wissen, wer du bist, und mit einem Mal stellt sich heraus, dass du geworden bist, was andere in dir sehen wollen, nach und nach fühlst du dich selbst immer fremder.« Die Erzählstimmen in *Sepharad* machen diese Frauen nicht zu Opfern, objektivieren nicht ihr Leiden, sondern etablieren mithilfe des »Du« eine Verbindung zwischen Erzähler und Protagonistin, in der beständig vor Formen des Ausschlusses gewarnt wird. Zudem wird die erzählte Person stets mit großer Empathie, zuweilen voller Liebe angesprochen: »An einem bestimmten Punkt in der Ferne siehst du exakt dasselbe, was du als Kind immer gesehen hast, wenn du in die Sommerferien kamst.« Die männlichen Erzählstimmen in *Sepharad* sind in stetem Dialog mit einem weiblichen »Du« und versprachlichen so auf eigene Weise das Leben der Frauen: »Dein früheres Leben ist ein Land, von dem du mir zwar viel erzählt hast, das ich aber niemals werde sehen können. Die Vergangenheit, die früheren Leben, die Orte, die du verlassen hast.«

Die dritte Variante der Leseranrede, die mit Richardson zu unterscheiden wäre, ist zugleich die weitreichendste Form. Richardson beschreibt sie als selbstbezügliche Anrede. Hier ist eine direkte Anrede des Lesers durch das »Du« erreicht, die schließlich zur Vermischung der fiktionalen mit der realen Welt des Lesers führen kann. Die Grenzen zwischen implizitem und tatsächlichem Leser werden in dieser Form überschritten, und die instabile Beschaffenheit des »Ich« wird auf diese Weise in die Sprachlichkeit gehoben. So treffen hier, mit den Worten Bachtins, das sprechende »Ich« und das »Du« in der gegenseitigen Befragung aufeinander. In den Passagen des Romans, die diese Form der Leseranrede verwenden, entsteht die ethische Dimension des Textes. Durch jene Konfrontation rückt der Leser an die Stelle der verletzlichen Romanfigur, die vertrieben wurde, weil sie Jude oder Kommunist war oder eine unheilbare Krankheit hatte: »Und du, was würdest du tun, wenn du wüsstest, dass sie jeden Moment kommen können, um dich abzuholen, dass dein

Name vielleicht schon auf einer vervielfältigten Liste künftiger Gefangener oder Toter steht, Verdächtiger oder Verräter.«

Die beabsichtigte Wirkung zeitigt hier auch die sorgfältige Beachtung der grammatischen Formen, die über das grammatische Geschlecht nichtweibliche Leser ausschließen. Die Leseranrede richtet sich immer an Männer und Frauen zugleich: »Was tätest du, wärst du diese in einer großen, dir feindlich gesinnten fremden Stadt verlorene Frau und man hätte dir den Pass abgenommen?«

Im Anschluss an Jonathan Culler hat Irene Kacandes eine Analogie zwischen der rhetorischen Trope der Apostrophe und den Du-Erzählungen gezogen. Ihr ging es darum zu zeigen, dass in den Fällen, in denen auf der Ebene des narrativen Textes ein expliziter oder impliziter Ich-Erzähler eine Botschaft an eine erzählte Person richtet, diese darauf nicht mit einer Antwort im Text reagiert. Entsprechend nehme der Leser im Prozess der Rezeption des Textes Botschaften wahr, auf die er nicht explizit antwortet. Du-Erzählungen laden dazu ein, die Grenzen zwischen diesen beiden Ebenen aufzulösen. Muñoz Molina scheint diesen Effekt sehr bewusst einzusetzen, ohne die Beschränkungen des Dialogs zwischen Erzähler und Leser zu ignorieren; er setzt diese Beschränkungen auf eine Weise um, die nahelegt, dass die Antworten auf die in den Du-Erzählungen gestellten existentiellen Fragen des Lebens vielleicht schlicht nicht zu beantworten sind:

»Was tätest du, wenn du wüsstest, dass man dich von einem Tag auf den anderen vertreiben kann, dass eine Unterschrift und ein Siegel auf einem Pergament genügen, um dein Leben völlig aus der Bahn zu werfen, dir alles zu nehmen, dein Haus, dein Hab und Gut, dein gewohntes Leben, und dich auf die Straße zu werfen, gedemütigt und gezwungen, alles aufzugeben, was du als dein Eigentum betrachtest?«

So wäre die Haltung, die der Roman von seinen impliziten, aber auch von seinen realen Lesern fordert, keine rhetorische, sondern eine ethische. Da man nie sicher sein kann, nicht auch zu den Verurteilten zu gehören, muss aus der ethischen Reflexion die Bereitschaft entstehen, Verantwortung für die Lebensgeschichten anderer Menschen zu übernehmen: »Du bist, obwohl du es nicht weißt, was du sein könntest, wenn du dich aus deinem Haus und deinem Land vertrieben sähest, wenn du von einer Patrouille der Gestapo verhaftet würdest.«

Intertextualität

Im gesamten Roman setzt sich Molina mit zentralen Texten der Moderne auseinander. Der Autor erschafft einen neuen Diskurs über die kanonischen Texte, und dies nicht nur, um sich als internationaler Autor in der »Weltrepublik der Literatur« im Sinne Pascale Casanovas zu behaupten, sondern auch, um das literarische Erbe des westlichen Modernismus einer Revision zu unterziehen. Intertextualität fungiert in Molinas Dialog mit der modernistischen Poetik und ihren Repräsentationsformen wie ein hermeneutischer Schlüssel. Auch die von Molina eingesetzten intertextuellen Bezüge haben eine ethische Dimension und entsprechen somit den Funktionen der narrativen Ausgestaltung des Textes. Der implizite Leser des Romans sollte in der Lage sein, die Transformation der kanonischen

Texte der literarischen Moderne nachzuvollziehen und die Bereitschaft haben, den Weg hin zu einem ethischen Leser mitzugehen; der Rezipient, der sich im Prozess der Lektüre beständig zwischen Fiktion und Realität bewegen muss, ändert sich dabei selbst.

In ihrer eben erwähnten Studie zählte die Kritikerin Pascale Casanova neben James Joyce vor allem auch William Faulkner zu den revolutionären literarischen Künstlern. Faulkners einzigartige Erzählverfahren beeinflussten die meisten Autorinnen und Autoren der Moderne, für die ihre je individuelle Faulkner-Rezeption oft auch einen Weg sowohl der literarischen Autonomisierung wie auch der Internationalisierung darstellte. Faulkner habe mit einem einzigen Schlag, so Casanova, die Rückwärtsgewandtheit des literarischen Diskurses seiner Zeit abgestreift. Der spanische Autor Juan Benet habe als einer der ersten Autoren die Bedeutung der literarischen Errungenschaften Faulkners erkannt, habe stets seine Verpflichtung gegenüber dessen Werk formuliert und ihn als den wichtigsten Einfluss angegeben, der ihn zum Schriftsteller gemacht habe. Wie Juan Benet, verhehlt auch der aus einer späteren Generation stammende Antonio Muñoz Molina nicht den Einfluss des Faulknerschen Œuvres auf sein literarisches Werk.

In dem Roman *Sepharad* haben zwei Texte von Faulkner eine besondere Funktion als metaliterarischer Reflexionsbezug, bis hin zum Status des Romans im Roman. Muñoz Molina etabliert in *Sepharad* durch die Anwendung derselben Erzählverfahren, über formale Wege der Repräsentation und auch durch thematische Bezüge einen kontinuierlichen Dialog mit dem Werk Faulkners. Doch die Verknüpfung mit dem Schreiben

Faulkners geht noch weiter. Muñoz Molina scheint es in seinem intertextuellen Bezug um nichts weniger als die beständige Revision des literarischen Erbes Faulkners zu gehen. Molina ringt in *Sepharad* mit den politischen Defiziten bei Faulkner, es scheint, als strebe er in seiner erneuten Auseinandersetzung den Ausgleich der im Werk Faulkners verzerrten Darstellung von Identität an. Im Folgenden sollen die Bezüge zu den Romanen *As I Lay Dying* (1930) und *The Wild Palms* (1939) genauer untersucht werden, die in Molinas Roman zwei völlig unterschiedliche Funktionen haben: Die Bezugnahmen auf *The Wild Palms* sind auf der Textoberfläche explizit, doch die komplexe Funktion dieses intertextuellen Bezugs auf Faulkner als metaliterarischer Kommentar zu den Fragen der literarischen Repräsentation der Geschichte des 20. Jahrhunderts kann nur durch eine genaue Lektüre des Romans herausgearbeitet werden. Zunächst sollen jedoch die engen Beziehungen zwischen Antonio Muñoz Molinas Roman und Faulkners *As I Lay Dying* nachvollzogen werden. Diese Bezüge sind oberflächlich kaum zu erkennen, fungieren aber in einer sehr klaren Weise als narrative Strategie.

Faulkners 1930 erschienener Text handelt vom Sterben und der Wirkung des Todes auf die Überlebenden. Die Handlung ist in dem fiktiven Landkreis Yoknapatawpha im Staat Mississippi angesiedelt. Auch wenn der Titel eine Erzählperspektive aus der ersten Person Singular evoziert, ist der Text formal als Bewusstseinsstrom von nicht weniger als fünfzehn Ich-Erzählern strukturiert. Der Titel weist auf eine Sterbende namens Addie Bundren. Ihr Tod ereignet sich bereits auf den ersten Seiten des Romans; zuvor nimmt sie ihrer Familie das Versprechen ab, sie in der Stadt Jefferson zu begraben, aus der sie stammt. Der Großteil des Romans beschreibt die Reise dorthin aus den unterschiedlichen Perspektiven der jeweiligen Sprecher, von denen fast alle, neben Gründen der Pietät, ihre eigenen Motive für die Teilnahme haben. So möchte beispielsweise der Witwer Anse ein neues Gebiss kaufen, und die Tochter will in der Stadt eine Abtreibung vornehmen lassen. Verschiedene Hindernisse erschweren die Reise, und die Familie gelangt schließlich neun Tage nach dem Tod Addie Bundrens nach Jefferson. Dort wird mit der Bestattung das ihr gegebene Versprechen eingelöst – doch fordern die großen psychischen Anstrengungen der Reise ihren Tribut. Der Sohn endet in einer psychiatrischen Anstalt, die Tochter wird von jenem Apotheker missbraucht, der ihr die Durchführung der Abtreibung versprochen hatte. Einzig dem Vater gereicht die Reise zum Vorteil.

Der Großteil des Romans besteht aus den Stimmen der männlichen Mitglieder der Familie. Addie spricht nur einmal, und dies gewissermaßen aus dem Jenseits, nachdem sie im Verlauf der Geschichte bereits gestorben ist. In diesem Monolog formuliert sie ihr Misstrauen gegenüber der Kraft der Worte, die anstelle der Dinge selbst vor allem von Männern benutzt werden:

»Und als ich wusste, dass ich mit Cash schwanger ging, da wusste ich auch, dass das Leben fürchterlich sei und dies die Antwort drauf. Damals lernte ich, dass Wörter keinen Sinn haben, dass Wörter nie passen, gleichgültig, was sie auszudrücken versuchen. Als er zur Welt kam, begriff ich, dass die Mutterschaft von einem erfunden worden war, der dafür ein Wort brauchte, denn die, welche die Dinge hatten, kümmerte es nicht, ob es dafür ein Wort gab oder nicht.«

Später im Text erfährt der Leser, dass Addies Wunsch, nach ihrem Tod neben ihren Eltern begraben zu werden, nicht aus dem affirmativen Wunsch der Vereinigung mit ihren Eltern, sondern aus Rache an ihrem Mann für dessen ›Betrug durch Wörter‹ entstanden ist.

Nach der Geburt des zweiten Kindes hatte Addie das Begräbnis in Jefferson als Racheakt beschlossen: »Aber dann merkte ich, dass ich von Wörtern betrogen worden war, die älter als Anse oder Liebe waren, und dass dasselbe Wort auch Anse betrogen hatte, und dass meine Rache darin bestand, dass er nie erfuhr, dass ich mich räche.« Auf diese Weise ist Addies Rache ein Paradox: Ihre Rebellion gegen den männlichen Logos und die patriarchalische Ordnung wird ihrem Mann nicht offenbar.

Die Besonderheit des Faulknerschen Romans besteht in der Form der Erzählung, die in sechzig knappen Abschnitten aus der Perspektive der fünfzehn am Romangeschehen beteiligten Figuren den komplexen Innenraum menschlicher Erfahrung vermisst. Erlebte und erzählte Gegenwart sowie erinnerte Vergangenheit werden auf eine Weise verknüpft, die deutlich macht, dass verschiedene Zeitschichten in der menschlichen Psyche häufig gleichzeitig präsent sind.

Eines der Kapitel in Muñoz Molinas Roman *Sepharad* evoziert William Faulkners *As I Lay Dying* sehr direkt als Folie und als Horizont des Erzählten, und zwar das fünfte mit dem Titel »Valdemún«. Hier berichtet ein Ich-Erzähler von der Reise nach Valdemún, dem Heimatdorf seiner Frau. Er unternimmt sie gemeinsam mit ihr, um die schwerkranke Schwester ihrer Mutter zu besuchen. Die gewählte Form der Ansprache an die Ehefrau, in der die Reise zum Abschied von der Tante Erinnerungen an den Verlust der Mutter im Alter von 17 Jahren hervorruft, die eingefügten Dialoge und die Perspektivwechsel, die auch die Tante und die verstorbene Mutter sprechen lassen, erzeugen eine intime Atmosphäre. Der Erzähler möchte sich die Erinnerung der Ehefrau in gleicher Weise zu eigen machen wie auch ihr gegenwärtiges Leben. Die Nähe zu Faulkners Text beschränkt sich nicht nur auf die allgegenwärtige Präsenz des Vergangenen und der Erinnerungen, vielmehr ist das Hauptmotiv des Kapitels ein unmittelbarer Verweis auf jenen großen Roman des amerikanischen Südens. So wünscht sich die sterbende Tante ebenfalls eine Bestattung in ihrer Heimatstadt: »Dort will ich begraben werden, will nicht allein sein, wenn ich tot bin, umgeben von Fremden auf einem Friedhof, der so groß ist wie eine Stadt, hat sie zu dir gesagt, wie du dich später erinnern wirst.«

Kaum merklich verschiebt sich die Perspektive zur Erzählstimme der sterbenden Tante, die dann selbst noch einmal das Bezugsmotiv wiederholt: »Und ganz oben, noch über den letzten Mandelbäumen und verfallenen Häusern, am Ende des gewundenen Weges, den die Zypressen markieren und wo in der Nacht immer ein paar Lichter brennen, dort will ich begraben sein, zusammen mit meinen Angehörigen [...].« Die über ihren Tod reflektierende weibliche Erzählstimme beginnt einen Monolog, in dem nicht mehr zu unterscheiden ist, ob hier die Tante spricht, oder ob die Gedanken der vor langer Zeit verstorbenen Mutter der Ehefrau zu erkennen gegeben werden. Hier konvergiert der Roman Muñoz Molinas mit dem Faulkners, der Addie Bundren, die im Leben nicht gehört wurde, im Tod eine Stimme gibt. Der große Unterschied zwischen den beiden Romanen besteht in der Rolle, die den Frauen zugewiesen wird. In Molinas Roman fügt sich der Erzähler in die weibliche Erinnerung seiner Frau ein, die besondere Sprachverwendung gleicht einem Versuch, jenes fremde Land der Vergangenheit seiner Frau verstehen und erzählen zu können. Der Wunsch der Frauen dieser Familie, beieinander begraben zu sein, entsteht nicht aus einem Wunsch nach Rache, sondern aus tief empfundener Zuneigung füreinander.

Der schmerzhafte Abschied von der Tante – sie stirbt kurz nach dem Eintreffen – und die Ähnlichkeit dieses Abschieds mit jenem von der Mutter erwecken in der Ehefrau des Erzählers überwältigende Erinnerungen. Sie münden am Ende des Kapitels in ihr Begehren, selbst auch auf dem Friedhof des heimatlichen Dorfes begraben zu werden. Der Wunsch, im Angesicht des Todes einen Ort der Ankunft zu haben, so legt der Text nahe, macht das Unvermeidliche erträglicher.

In dieser besonderen Bezugnahme auf *As I Lay Dying* gibt Molina den Worten, die für die weibliche Romanfigur Addie keinen Sinn mehr hatten, eine Bedeutung zurück. Durch die Komposition des männlichen Erzählers im Kapitel »Valdemún«, der versucht, seine Frau und ihre Gedächtniswelten über eine Annäherung durch die Sprache zu verstehen, wird dem Leser ein ähnliches Verfahren vorgeschlagen: auch als Mann zu versuchen, die Welt einer Frau nachzuvollziehen; auch wenn man bestimmte historische Zeiten nicht erlitten hat, sich den vergangenen Schicksalen anzunähern, und auch ohne eine eigene biographische (sei es ethnische, geschlechtliche oder andere) Erfahrung jene Welten doch zu verstehen zu suchen. Hier wird der Autor selbst zu einem verantwortungsvollen Leser, der in der

Relektüre von Faulkners Text den Schritt hin zum Ethischen vollzieht.

Wie erwähnt, bezieht sich Muñoz Molina in *Sepharad* auch auf Faulkners Roman *The Wild Palms*. Trotz der offensichtlichen und im Falle von *The Wild Palms* auch expliziten Bezüge (eine der literarischen Figuren in *Sepharad* liest den Roman) ist die entscheidende Rolle der beiden Faulkner-Texte nicht auf den ersten Blick ersichtlich. Bei genauerem Hinsehen jedoch werden die differenzierten intertextuellen Bezüge auf die beiden Romane deutlich. *As I Lay Dying* und *The Wild Palms* dienen als Seitenwege, die den Leser zunächst von der Haupterzählung abzulenken scheinen, ihm in der Tat aber neue Wege eröffnen, die textuelle Landkarte des Romans *Sepharad* zu entschlüsseln.

Die Geschichte der Titelgebung des Bandes *The Wild Palms* enthält bereits einen Teil dieser Entschlüsselung. Faulkner wollte seinem Roman zunächst den Titel »If I Forget Thou Jerusalem« geben, einen Titel, der wie diejenigen seiner Romane *Go down Moses* oder *Absalom, Absalom!* sich deutlich auf die Bibel bezog, in diesem Falle auf Psalm 137, einen der wichtigsten Psalmen der jüdisch-christlichen Tradition. Der Herausgeber des Buches bestand auf einer Änderung, und so erhielt der gesamte Roman den Titel der ersten dort erzählten Geschichte. Spätere Ausgaben des Werkes nennen beide Titel.

In Muñoz Molinas Roman ist die Emblematik jenes doppelten Titels erhalten, ohne jedoch eine allzu vordergründige Analogie zwischen der Geschichte des jüdischen Exils in Babylon und der Vertreibung der Juden aus Spanien zu etablieren. Der Titel des Romans von Muñoz Molina, *Sepharad*, das hebräische Wort für

Spanien, kann als fortgesetzte Interpretation der Faulknerschen Tradition verstanden werden.

The Wild Palms besteht aus zwei voneinander unabhängigen Geschichten, »The Wild Palms« und »Old Man«, die keinen gemeinsamen Plot haben, aber erzähltechnisch miteinander verflochten sind. In der ersten Erzählung, »The Wild Palms«, gibt die Hauptfigur Harry Willbourne, ein erfolgreicher, bescheiden lebender junger Arzt, sein bisheriges Leben für eine Affäre mit der verheirateten Charlotte auf. Harry folgt dem fatalistischen Liebeskonzept Charlottes, nach welchem Liebe immer fern des Alltäglichen stattfinden müsse, da sie durch das Banale des Alltags zerstört werde. Charlotte zwingt Harry, eine Abtreibung bei ihr vorzunehmen, die sie schließlich das Leben kostet. Die Geschichte endet mit der Festnahme und Verurteilung Harrys. Manche Passagen des Romans sind aus der Perspektive des Nachbarn des jungen Paares erzählt, eines alten Arztes, der Harrys Handeln moralisch verurteilt – es stellte nach dem damals gültigen amerikanischen Gesetz ein schweres Verbrechen dar. Der Nachbar meldet ihn der Polizei.

Die zweite Erzählung, »Old Man«, hat die Form einer Legende, auch wenn hier eine spezifische historische Konstellation reflektiert wird, die die verbürgten Geschehnisse um das Hochwasser des Mississippi im Jahre 1928 aufgreift. Ein namenloser Sträfling kann in dieser Situation aus dem Gefängnis entkommen, rettet einer unbekannten hochschwangeren Frau das Leben, treibt (nach der Entbindung) über Wochen mit ihr in einer kleinen Jolle auf einem der Nebenflüsse des Mississippi und entschließt sich am Ende der Geschichte, freiwillig ins Gefängnis zurückzukehren. Dort wird seine Haftstrafe trotz der freiwilligen Rückkehr verlängert. – Beide Erzählungen sind durch die Fragen nach Freiheit und moralischer Gerechtigkeit miteinander verbunden, die anhand der Ereignisse im Leben der zwei Männer beantwortet werden. Die Frauenfiguren des Romans stellen aufgrund ihrer ungezügelten sexuellen Kraft im Leben der Männer einen destruktiven Faktor dar.

In ihrem Aufsatz über *The Wild Palms* hat Cheryl Lester die feministische Kritik an dem Roman in den weiteren Kontext der Diskussionen über Zugehörigkeit gestellt, indem sie das im Roman nicht explizierte Narrativ der großen Migrationen aus dem Süden im zweiten und dritten Jahrzehnt des 20. Jahrhunderts in ihre Analyse einbezogen hat. Während der im Roman erwähnten Flut wurden über 180.000 Anwohner der Region heimatlos, davon 80 Prozent Afroamerikaner. Insgesamt verließen während der Jahre, in denen Faulkners Roman angesiedelt ist, über eineinhalb Millionen Afroamerikaner den Süden der Vereinigten Staaten.

Im Roman indes tritt keine afroamerikanische Figur auf. Lester hat gezeigt, wie die Spuren dieser nichterzählten Geschichte in der Erzähltechnik Faulkners, die lineare und chronologische Formen des Erzählens herausforderte, bewahrt werden. Aus der Sicht Lesters habe Faulkner durch die multiperspektivischen Wege des Erzählens auch die afroamerikanischen Erfahrungen spürbar gemacht. Indem sie die allegorische Dimension des Titels »If I Forget Thou, Jerusalem« verdeutlichte, ein Zitat also aus jenem Psalm 137, der die Gefangennahme der Juden beklagt und Rache an den Feinden Israels fordert, enthüllte Lester Faulkners Übertragung der dem Psalmvers innewohnenden Perspektive. Der Vers ist von Juden im Exil und in Gefangenschaft gesprochen, die sich nach ihrem Heimatland sehnen, die ihre Verfolger verdammen. In der Transformation des Faulknerschen Textes spricht er jedoch auch vom universellen Leiden in Exil und Sklaverei und von der Hoffnung auf Erlösung. Lester interpretiert den Roman als Faulkners Schwur, die Geschichte der afroamerikanischen Migrationen zu erinnern, auch wenn diese Geschichte nicht zu erzählen ist. Molinas Roman geht über die Übernahme und Transformation des Psalmverses als Text hinaus: er fordert – vor allem die spanischen Leser – zur Erinnerung auf.

Die Intertextualität der beiden Romane hat zwei Dimensionen, die beide einen unmittelbaren Bezug zum kulturellen Gedächtnis aufweisen. Im Kapitel »Berghof« des Romans *Sepharad* ist ein weiterer Bezug zum Plot von »The Wild Palms« etabliert, der die Ethik des Erzählens wie auch die ärztliche Ethik zum Thema macht. Die Hauptfigur in diesem Kapitel ist ebenfalls Arzt, entspricht hier jedoch nicht dem Beobachtenden der Liebenden in »The Wild Palms«, sondern er ist jene Figur, aus deren Perspektive der gemeinsam mit Frau und Sohn verbrachte Sommer erzählt wird. Die Ehefrau berichtet von dem Buch, das sie liest – *The Wild Palms.* Das Kapitel hat zwei Erzählperspektiven, die eines Alter Ego des Autors Muñoz Molina und die des Arztes. Am Anfang des Kapitels berichtet der erste Erzähler von der Erschaffung jener Figur:

»Aus der vom Bildschirm und der niedrigen Lampe erhellten Dunkelheit, aus der Innenfläche beider Hände, mit dem glatten Gefühl der Maus in der einen und der rauen Oberfläche der

Muschel in der anderen, steigt unwillkürlich eine Gestalt vor meinem inneren Auge auf, die nicht reine Erfindung, aber auch nicht Erinnerung ist; der Arzt, der Arzt allein im halbdunklen Raum, der auf einen Patienten wartet [...].«

Damit wird die Verantwortung für die Erzählung von diesem ersten Erzähler übernommen und gleichzeitig als Fiktion markiert. In diesem Raum zwischen Fiktion und Faktizität, zwischen Erinnerung und Erfindung evoziert Molina die moralischen Dilemmata, denen sich die Figur des Arztes in »The Wild Palms« zu stellen hatte: Der Protagonist im Kapitel »Berghof« wird, da er zufällig am Ort ist, zu einem sterbenden Nazi gerufen, der seine Hilfe benötigt: »Er will gehen, aber er kann nicht, und er weiß nicht, ob es sein ärztliches Pflichtgefühl ist, das ihn zurückhält, oder eine Art Fluch, dem er sich nicht entziehen kann.« Das Kapitel thematisiert so nicht nur die moralische Herausforderung an den Doktor, sondern auch Fragen des Mitgefühls. Dieser Arzt in Molinas Roman ist im Gegensatz zu demjenigen bei Faulkner während seiner täglichen Arbeit in der Lage, Mitgefühl für seine Patienten zu empfinden: »Mit einem Mal ist der Patient ausgeschlossen, vertrieben aus der Gemeinschaft der Normalen, wie ein Jude, der in einem Wiener Café die Zeitung liest, in der die neuen deutschen Rassengesetze abgedruckt sind.«

Dieses Zitat leitet über zu einer zweiten, metapoetischen Ebene von Intertextualität. Molina übernimmt die nichtlineare Erzählstruktur Faulkners, die die Komplexität des Lebens in einer sehr viel adäquateren Weise abzubilden vermag als eindimensional chronologische Erzählungen. Das mehrperspektivische Erzählen findet sich auch in *Sepharad*, doch im Gegensatz zu

Faulkner ist Geschichte hier nicht zwischen den Zeilen, in der bloßen Allegorie, enthalten. Der Roman *Sepharad* repräsentiert literarisch das Exil aus Psalm 137, das bei Faulkner nicht zur erzählerischen Realisierung gelangt ist. Der Prozess des Erinnerns wird im gesamten Roman anhand von verschiedenen Schicksalen des Vertriebenwerdens zum Thema.

Das letzte Kapitel des Romans, das den gleichen Titel trägt wie der Gesamttext – »Sepharad« –, fügt eine weitere, abschließende Dimension zu den Erzählungen von Exil, Verbannung und Vertreibung hinzu. Der Titel des Romans wird erst am Ende des Textes erzählerisch umgesetzt, wenn der Ich-Erzähler von seinem Heimatland Spanien berichtet und nach Spuren jüdischen Lebens vor der Vertreibung der Juden aus Spanien 1492 sucht: »Ich erinnere mich an ein jüdisches Haus in einem Viertel meiner Heimatstadt.« Die Erzählung führt zurück zu einer persönlichen Geschichte, die das Ausgeschlossensein des Erzählers als kleiner Junge mit der Vertreibung der Juden aus Spanien und mit dem Holocaust gedanklich zusammenführt und damit auch den Lesern eine Ausschlusserfahrung zu vermitteln sucht, die diese historisch nicht gemacht haben – dies gilt nicht nur, aber eben auch für das spanische Publikum. Das »Wir« vom Anfang des Romans wird am Ende des Textes zu einem persönlich gehaltenen »Ich«:

»In meinem Arbeitszimmer [...] kann ich das Gefühl haben, dass alles, was ich erfinde oder an das ich mich erinnere, in mir ist, in diesem geschlossenen Raum. Orte existieren aber, obwohl ich nicht dort bin und nicht an sie zurückkehren werde, und die anderen Leben, die ich lebte, und die anderen Männer, die ich war, bevor ich der wurde, der mit dir zusammen ist, überdauern vielleicht in der Erinnerung anderer [...].«

Dieses Erzähler-Ich ist den Weg der Erinnerung, den es auch vom verantwortungsvollen Leser fordert, im Laufe dieses nahezu didaktischen Textes gegangen und wendet sich abschließend noch einmal an ihn. Die Erzähler in Molinas Roman übernehmen jene Verantwortung, die Geschichte von Exil, Verfolgung und Ungerechtigkeit zu erzählen, Jerusalem wird erinnert, indem die großen Vertreibungen des zwanzigsten Jahrhunderts in dieser vielstimmigen Narration bewahrt werden.

Gesetz

Im Gegensatz zu Faulkners Romanen sind in *Sepharad* historische Biographien einmontiert. Ein Erzählerkommentar bemerkt hierzu: »Ich habe keine Lust, mir Dinge auszudenken, die sich auf eine unweigerlich mit Literatur angereicherte Fälschung reduzieren. Die tatsächlichen Ereignisse zeichnen unerwartete Verläufe auf, die sich eine Fiktion nicht erlauben kann.« Es ist also nicht ein mimetisches, sondern ein anderes konstitutives poetisches Prinzip, das alle Geschichten des Buches vereint, ungeachtet ihres fiktiven oder nichtfiktiven Status. Dieses Prinzip ist die Allmacht des Gesetzes. Jeder kann in eine Situation geraten, in der er oder sie verurteilt wird, denn das hier literarisierte Gesetz ist transzendental und befindet sich aus diesem Grund auch jenseits des Raumes, in dem zwischen Fiktion und Nichtfiktion unterschieden wird.

Sowohl die fiktionalen als auch die realen Figuren des Romans sind ›verurteilt‹: Der Mann, der entdeckt, dass er eine tödliche Krankheit hat; die Mutter der Ehefrau des Erzählers in »Valdemún«, die junge Frau, die der spanische Soldat einst in Narva gesehen hat; aber auch Milena, Willi Münzenberg und Jewgenija Ginsburg. Ungeachtet des Unterschieds im ontologischen Status der Darstellung von fiktiven und realen Figuren ist ihr Schicksal dasselbe: Sie alle sind, wie Josef K., verurteilt.

Molina versteht Kafka nicht symbolisch, genauer, er verdeutlicht, wie sehr die Machthaber des 20. Jahrhunderts die von Kafka vorgezeichnete Verurteilung zur brutalen historischen Realität gewendet haben. In diesem Sinne kann das Zeichen nicht in Bezeichnendes und Bezeichnetes geteilt werden, denn es existiert keine andere politische Realität als die im Roman *Sepharad* repräsentierte. Molina setzt die Geschichte von Josef K., die »Kafka in der fiebrigen Schlaflosigkeit der Tuberkulose erfunden hatte, ohne dass ihm bewusst war, wie prophetisch diese Erzählung sein sollte«, nicht nur als vorausweisende Allegorie der politischen Menschheitsverbrechen des 20. Jahrhunderts. Das moralische Potential von Kafkas *Prozeß* wird in Molinas Roman zum hermeneutischen Schlüssel für die philosophische Interpretation der politischen und existentiellen Ungerechtigkeit, der der Mensch unterliegt:

»In seinem Zimmer in Prag, im Haus seiner Eltern, in seinem Büro der Arbeiter-Unfall-Versicherungs-Anstalt, in den Räumen des Sanatoriums, im Zimmer seines Hotels in der Grenzstadt Gmünd, wo er auf das Eintreffen von Milena Jesenká wartete, erfand Franz Kafka schon frühzeitig den perfekten Schuldigen, den von Hitler und Stalin Angeklagten, Josef K., den Mann, der nicht verurteilt wird, weil er etwas getan hat oder auffällig geworden ist, sondern weil er für schuldig befunden wurde; und er kann sich nicht dagegen wehren, weil er nicht weiß, wessen er angeklagt ist, und als man ihn zur Exekution führt, begehrt er nicht dagegen auf, sondern unterwirft sich demütig dem Willen seiner Henker, schämt sich sogar seiner selbst.«

Molinas Haltung zum Leiden von Menschen, die keine Juden waren, seine Metaphorisierungen der tragischen jüdischen Erfahrungen, führen nicht zu einer Relativierung oder Herabsetzung der Bedeutung des Holocaust. Er beansprucht nicht, das Singuläre der deutschen Verbrechen an den Juden durch einen Vergleich mit Stalins Hinrichtungen in Abrede zu stellen. Indes stellt er die jüdische Tragödie in einen umfassenderen historischen Kontext, um die Augen einer größeren Leserschaft zu öffnen, um seine Leser sensibel für die Kataklysmen des 20. Jahrhunderts, für die Ungerechtigkeiten gegenüber Menschen gleich welcher Zugehörigkeit zu machen, sei sie ethnischer, politischer oder anderer Art:

»Und du, was würdest du tun, wenn du wüsstest, dass sie jeden Moment kommen können, um dich abzuholen, dass dein Name vielleicht schon auf einer vervielfältigten Liste künftiger Gefangener oder Toter steht, Verdächtiger oder Verräter. Vielleicht hat gerade jetzt jemand deinen Namen mit Bleistift markiert, hat den ersten Schritt eines Verfahrens eingeleitet, das zu deiner Verhaftung oder deinem Tod führt oder in die unverzügliche Verbannung oder vorerst nur zum Verlust deiner Arbeit oder kleinerer Privilegien, auf die zu verzichten dir anfangs nicht schwer fällt. Josef K. wurde mitgeteilt, dass man ihm den Prozess machen würde, aber niemand verhaftete ihn, und es sah auch nicht so aus, als würde er überwacht. Du weißt es oder solltest es zumindest ahnen, hast gesehen, dass es andere ganz in deiner Nähe trifft, Nachbarn, die verschwinden, die fliehen mussten oder die geblieben sind, als existiere die Gefahr gar nicht, als gelte die Bedrohung nicht für sie.«

Molina legt die ethische Funktion und das Ziel seines Romans offen. Die Geschichten, die er für seine Leser erfindet oder erneut erzählt, sollen nicht nur historische Informationen über die Lebenswege verschiedener realer Figuren geben. Wie Scheherezade, auf die explizit Bezug genommen wird, geht es Molina auch um die historische Einbildungskraft seiner Leser. Die poetische Kraft der Imagination ist in der Lage, Menschen Mitgefühl auch für die Vertriebenen des 21. Jahrhunderts zu lehren.

Kafkas *Prozeß* ist der einzige Text, den Molina in dem seinen nicht neu schreibt. Es scheint, als sei die Kraft des Gesetzes unumgänglich. Jede seiner Figuren kann in einem gewissen Sinne Josef K. sein:

»Du bist Jean Améry, der durch das Fenster des Autos, in dem man ihm zum Quartier der Gestapo bringt, eine Landschaft mit Wiesen und Bäumen vorüberziehen sieht; du bist Jewgenija Ginsburg, die zum letzten Mal das unverwechselbare Geräusch der ins Schloss fallenden Tür ihrer Wohnung hört, in die sie nie wieder zurückkehren wird; du bist Margarete Buber-Neumann, die im Morgengrauen das erleuchtete Zifferblatt einer Moskauer Turmuhr erblickt, Minuten bevor der Lieferwagen, in den man sie verfrachtet hat, im Dunkel des Gefängnishofes verschwindet; du bist Franz Kafka und stellst mit Erstaunen, mit Befremden, beinah mit Erleichterung fest, dass die warme Flüssigkeit, die dir aus dem Rachen quillt, Blut ist.«

Das im Roman repräsentierte Gesetz, dem keiner entrinnen kann, wirkt durch Essentialisierungen. Menschen werden ohne eigenes Zutun kollektiven Einheiten zugeordnet. Möglicherweise hat Kafkas *Prozeß* neben dieser Stilisierung der Unvermeidlichkeit des Gesetzes in Molinas Roman eine weitere Dimension. Giorgio Agamben hat einen Teil dieses Textes von Kafka als emblematisch für die Wirkungsformen des Gesetzes gelesen. Agamben deutet die Tatsache, dass in der Parabel des Geistlichen – »Vor dem Gesetz« – der »Mann vom Lande« nicht durch die Türen des Gesetzes treten kann, da diese bereits offenstehen, als eine Offenbarung der reinen Form des Gesetzes, welches eben an dem Punkt am stärksten wirke, wo es nichts mehr vorschreibt. Entsprechend weist Agamben in seiner Analyse von Kafkas Parabel darauf hin, dass die Interpretation dieses Textes als Lehrfabel einer Niederlage nicht zwingend die einzig mögliche Deutung sei. Er verdeutlicht, dass der letzte Satz der Parabel (»Hier konnte niemand sonst Einlaß erhalten, denn dieser Eingang war nur für dich bestimmt. Ich gehe jetzt und schließe ihn.«) auch als ein Satz der Ermächtigung gelesen werden kann. Wenn es zutreffe, dass gerade das Offenstehen für die unentrinnbare Kraft des Gesetzes stehe, sei es auch vorstellbar, dass die Handlungsweise des »Mannes vom Lande« nichts anderes sei als eine geduldige Strategie, die Schließung der Türen zu erreichen, um die Geltung des Gesetzes zu unterbrechen.

Im Anschluss an diesen Deutungsvorschlag sind zwei Narrative in Kafkas Roman zu identifizieren – das Narrativ, in dem Josef K. sich dem Gesetz zu unterwerfen hat und getötet wird, und dasjenige, in dem der »Mann vom Lande« den Geltungsbereich dieses Gesetzes beendet. Im Rückbezug auf die Funktion des Gesetzes in Kafkas Text wird in dem Roman *Sepharad* jenes zweite Narrativ dem impliziten ethischen Leser angetragen. Der Leser muss das Vorhandensein des Gesetzes erkennen, das Menschen unerbittlich kategorisiert und auch ihn selbst jederzeit einschließen kann. Insbesondere die oben analysierten Leseransprachen versuchen ihn dazu zu befähigen. Der reale Leser soll die Gefahr jener Essentialisierungen für das eigene Leben im Prozess der Lektüre nachvollziehen. Nur dann vermag er jenen lebenslangen Prozess in Gang zu setzen, der ihn schließlich befähigen wird, die Türen des Gesetzes auch jenseits der ästhetischen Erfahrung für sich selbst zu schließen.

Am Ende der Lektüre erscheint die Frage nach jüdischer Zugehörigkeit in andere Zeiten und Räume übertragen. In den Romanen von Barbara Honigmann und Ljudmila Ulizkaja wurde diese Frage im Blick auf vergangene historische Konstellationen betrachtet. Beide Texte beriefen sich hierfür auf klassische literarische Modelle – dieser auf die antike Tragödie, jener auf den romantischen Briefroman. In Hoffmanns fragmentarischem Roman war die Reflexion zeitenthoben. Im Gegensatz hierzu operiert Molina mit dem literarischen Kanon des 20. Jahrhunderts. Im Dialog mit diesen Texten der Vergangenheit aus der Position der Gegenwart heraus hat Molina versucht, ihre Fragen im Hinblick auf die Zukunft neu zu stellen. Molina erzeugt in seinem Roman *Sepharad* einen fiktionalen Raum, in dem jüdische Zugehörigkeit zu einer ethischen Metapher für die Gesetze von Ausschluss wird, die für jeden Menschen Gültigkeit erlangen können.

Schlussbemerkungen

Wir haben in diesem Essay in vier analytischen Kapiteln versucht, Konstruktionen jüdischer Zugehörigkeit in der je gegebenen narrativen Situation der Romane zu beschreiben. Dabei wurde deutlich, dass eine ethnische Dimension jüdischer Zugehörigkeit in allen Romanen präsent war, aber jeder der Texte diese in verschiedener Weise aktualisierte. In *Alles, alles Liebe!* von Barbara Honigmann gibt es keinen Ort jenseits ethnifizierender Zuschreibungen; die deutsche Literatur wurde zum Medium der Reflexion dieser Unhintergehbarkeit. In Ulizkajas *Medea und ihre Kinder* wurde durch die Umschrift des antiken Mythos der ›Chronotopos‹ der Familie zu einem Gegenentwurf zur ethnischen Repression des Regimes. In Yoel Hoffmanns *Christus der Fische* erscheint die ethnische Zugehörigkeit wie ein marginales Fragment jüdischer Erfahrung, die durch das Prinzip literarischer Kontingenz reguliert wurde. In Antonio Muñoz Molinas *Sepharad. Ein Roman voller Romane* wird in der Auseinandersetzung mit literarischen Texten der Moderne, Autobiographien und Memoiren ein fiktionaler Raum geschaffen, der nach einer ethischen Bedeutung in der Welt jenseits der Fiktion strebt.

Ein Nachvollziehen des Schicksals der Figur Anna in dem Roman *Alles, alles Liebe!* ist nur bis zu einem gewissen Grad möglich, der im Schreiben Honigmanns immer wieder neu eingestellt wird, der sich aber stets an einer als ethnisch und religiös bestimmten jüdischen Zugehörigkeit ausrichtet. Dass dieses Schreiben im permanenten Rückbezug auf die deutsche Literatur geschieht, legt die paradoxe Logik ihrer literarischen Welt offen, die immer wieder auf die Bruchlinien der jüdischen Geschichte in Deutschland verweist. Barbara Honigmanns Text stellt ethnische Zuschreibung als Zumutung und zugleich als unumgängliche Realität dar. Durch diese Fokussierung auf die Unhintergehbarkeit des Ethnischen, auf die Herausforderungen, die sich einer deutschsprachigen Intellektuellen jüdischer Herkunft stellen, wird das Schicksal der jüdischen Romanfiguren auf eine Weise erzählt, die sich der völligen Einfühlung widersetzt.

Während Barbara Honigmann die Texte des deutschen Kanons als eine Möglichkeit nutzt, historische Realität in der Unterscheidung von jüdischer und nichtjüdischer Erfahrung in Deutschland darzustellen, präsentiert Ulizkajas Roman *Medea und ihre Kinder* eine entgegengesetzte Perspektive: Dies beginnt bereits mit der Wahl der Auseinandersetzung mit einem Text nicht aus dem russischen Kanon, sondern mit den Grundlagentexten des ›*Western Canon*‹. In einem weiteren Schritt wird der Medea-Mythos von Ausschluss und Verrat in einen Text der Inklusion transformiert. In dieser Umgestaltung des Mythos sterben die Kinder auch, doch nicht von der Hand der Mutter, sondern in den Katastrophen des 20. Jahrhunderts. Die Auseinandersetzung mit dem Mythos tilgt oder verleugnet nicht die politische Wirklichkeit, sondern lässt einen alternativen, idealisierten ›Chronotopos‹ entstehen, in dem nicht ein Kollektiv, sondern ausschließlich das Individuum über die Bedeutung jüdischer Zugehörigkeit entscheidet. Hier liegt die ethische Forderung des Romans.

In Yoel Hoffmanns Roman steht der Text als Prozess im Vordergrund des ästhetischen Interesses. Damit wird die Aufmerksamkeit auch auf die Schrift als ein Medium der Selbstvergegenwärtigung in Erinnerung gelenkt. Jüdische Zugehörigkeit ist bei Yoel Hoffmann ein textuelles Konzept. In die Kindheitserinnerungen des Erzählers in *Christus der Fische* sind Spuren dieses Schriftverständnisses eingraviert. Das erzählte Ich ist keine statische Einheit, sondern ein Seiendes, dessen Existenz darin besteht, sich durch die Darstellung der Geschehnisse des Lebens jeweils neu zu bestimmen. Die Aufmerksamkeit gilt dem künstlerischen Prozess, der Logik der literarischen Produktion. Die fragmentarische Form ist nur ein Beleg für diese Gewichtung. Yoel Hoffmanns *Christus der Fische* ist ein offener und unabgeschlossener Text, der sich einfachen Sinnzuschreibungen entzieht. Die jüdische Zugehörigkeit erscheint als ein dynamisches und historisch veränderliches Konzept, das jeweils neu zu erschließende Bedeutungen enthält.

Die Besonderheit des Romans *Sepharad* liegt in der Berührung von ethischem und ästhetischem Diskurs. Damit öffnet Molina den ethischen Diskurs für die Frage der Wahrnehmung und knüpft ihn zugleich an die Frage der Verantwortung. Die vielschichtigen Erzählungen des Textes spiegeln Erfahrungen, die eine Anerkennung des anderen Menschen erfordern. Der reale Leser, an den sich Molina richtet, soll sich durch die Lektüre verändern. Innerhalb der Logik des Textes ist das Schicksal der Figuren nicht mehr veränderbar. Doch außerhalb der Welt der Fiktion ist der reale

Leser angehalten, künftige Gefahren des Ausschlusses zu antizipieren:

»Die tatsächlichen Ereignisse zeichnen unerwartete Verläufe auf, die sich eine Fiktion nicht erlauben kann. Wer wagt es, die eitle Leichtfertigkeit der Fiktion zu bedienen, da es so viele Leben gegeben hat, die es wert waren, erzählt zu werden, jedes von ihnen ein Roman, eine Masche im verästelten Netzwerk, das zu weiteren Romanen und anderen Leben führt.«

Der Roman problematisiert die literarische Identifikation mit dem Schicksal der Figuren, die als ganz unterschiedlich lesbar dargestellt wird: als bereichernde Übernahme, aber auch als die eigene Persönlichkeit aushöhlende Fremdheit. So wiederholt sich im Prozess der Lektüre im Blick auf den Anderen jene prekäre Situation zwischen Fremdbestimmung und Selbstwahrnehmung, die den historischen und fiktiven Figuren des Romans auferlegt ist. Diese Differenzerfahrung hat zwei Richtungen: der Leser sieht nicht nur das Schicksal der Romanfiguren, sondern er wird auch selbst gesehen, der Blick der anderen wird spürbar gemacht. Die unmittelbare, mit der direkten Ansprache verknüpfte Konfrontation mit dem Leid des Anderen fordert den Leser auf, nicht sich im Allgemeinen verlierende menschliche Grundsätze aufzustellen, sondern die Verwundbarkeit des einzelnen, unverwechselbaren Menschen zu verstehen.

Die Protagonisten der hier diskutierten Texte – Anna, Medea und Samuel, Nathan sowie die Figuren in *Sepharad* – sind selbst Leser von Romanen, Gedichten und sakralen Texten und sie zitieren daraus. Zugleich sind sie Schreibende von Briefen, Tagebüchern, philosophischen Fragmenten und Gedichten. So waren die

Interpretationen der Texte stets in einen doppelten Prozess des Lesens und Gelesenwerdens und des Schreibens über das Schreiben eingebunden.

Diese Reflexivität und bewusste Unabgeschlossenheit ist allen vier Romanen gemeinsam. Die Besonderheit der Texte im Umgang mit der Frage nach jüdischer Zugehörigkeit liegt darin, nicht dem Leser die Beantwortung dieser Frage aufbürden zu wollen, sondern darin, die Unabgeschlossenheit und Wandelbarkeit von Zugehörigkeit in der Form des Literarischen ernst zu nehmen.

Die Romane stellen verschiedene Umgangsweisen mit Zugehörigkeit in je unterschiedlichen historischen Konstellationen dar. Dabei bewegen sie sich entlang des ›Chronotopos‹ unserer Gegenwart. So forderte diese zeitliche und räumliche Nähe der Texte zu unserer Erfahrungswelt auch die Reflexion der eigenen Existenz heraus.

Ingeborg Bachmann hat diese Eigenschaft des Literarischen in ihrer Frankfurter Vorlesung »Literatur als Utopie« festgehalten:

»Aber die Literatur ist ungeschlossen, die alte so gut wie die neue [...]. Sie ist ungeschlossen, da ihre ganze Vergangenheit sich in die Gegenwart drängt. Mit der Kraft aus allen Zeiten drückt sie gegen uns, gegen die Zeitschwelle, auf der wir halten, und ihr Anrücken mit starken alten und starken neuen Erkenntnissen macht uns begreifen, daß keines ihrer Werke datiert und unschädlich gemacht sein wollte, sondern dass sie alle die Voraussetzungen enthalten, die sich jeder endgültigen Absprache und Einordnung entziehen. [...] Die Literatur braucht aber kein Pantheon, sie versteht sich nicht aufs Sterben, auf den Himmel, auf keine Erlösung, sondern auf *die stärkste Absicht, zu wirken* in jeder Gegenwart, in dieser oder der nächsten.«

In diesem Sinne thematisieren die vier hier behandelten Romane nicht nur das Gegebene, sondern sind in ihrer Fokussierung auf das nicht Abgeschlossene am Werden des Zukünftigen nicht nur interessiert, sondern beteiligt. Das Zusammenspiel von Kanon und Diskurs ermöglicht einen Dialog, den wir mit dem vorliegenden Essay zugleich beschreiben und für weitere literarische Zusammenhänge öffnen wollen.

Quellen und Literatur

Die folgenden Hinweise sollen dem Leser einen Überblick über die zitierte und konsultierte Literatur geben. Dies bedeutet, dass nicht eine vollständige Bibliographie zum Thema, sondern eine kommentierende Auswahl der Texte vorgelegt wird, die für den Essay wesentlich waren.

Einleitung

Die grundlegenden Referenzen des vorliegenden Toldot-Bandes, auf die sich die Einleitung bezieht, sind: Dan Miron, Verschränkungen. Über jüdische Literaturen, Göttingen 2007 (Das hebräischsprachige Original erschien unter dem Titel *Harpayah le-tsorekh negi'ah: likerat hashivah hadashah 'al sifruyot ha-Yehudim* – »Loslassen um zu berühren. Wege zu einem neuen Denken über jüdische Literaturen« – 2005 in Tel Aviv); Joachim Küpper, Was ist Literatur?, in: Zeitschrift für Ästhetik und Allgemeine Kunstwissenschaft 45 (2001), 187–215; Robert Alter, The Jewish Voice, in: Commentary 100 (1995), 39–45; Richard Rorty, Der Roman als Mittel zur Erlösung aus der Selbstbezogenheit, in: Joachim Küpper/Christoph Menke (Hg.), Dimensionen ästhetischer Erfahrung, Frankfurt a. M. 2003, 49–66; Dean E. Kolbas, Critical Theory and the Literary Canon, Boulder, Colo., 2001; sowie Ruth R. Wisse, The Modern Jewish

Canon. A Journey through Language and Culture, New York 2000; Sidra DeKoven Ezrahi, Booking Passage. Exile and Homecoming in the Modern Jewish Imagination, Berkeley 2000; Gershon Shaked, Modern Hebrew Fiction, Bloomington 2000; Dan Miron, The Image of the Shtetl and Other Studies of Modern Jewish Literary Imagination, Syracuse, N. Y., 2000; Hana Wirth-Nesher, Defining the Indefinable. What is Jewish Literature?, in: dies. (Hg.), What is Jewish Literature?, Philadelphia/Jerusalem 1994, 3–12; Chana Kronfeld, On the Margins of Modernism. Decentering Literary Dynamics, Berkeley 1996; Michael Gluzman, The Politics of Canonicity. Lines of Resistance in Modernist Hebrew Poetry, Stanford 2003; Robert Alter (Hg.), Modern Hebrew Literature, Springfield, N. J., 1975; Amir Eshel, Schreiben auf Jüdisch? Writing in Jewish? German Jewish Writers and the Question of ›Jewish Writing‹, in: The Germanic Review 75 (Spring 2000), 91–98; Geoffrey Hartman, On the Jewish Imagination, Prooftexts 5 (1985), 201–220; Harold Bloom, Introduction, in: Olivier Revault D'Allonnes, Musical Variations on Jewish Thought, New York 1984, 30; Stuart Hall/Paul Du Gay (Hg.), Questions of Cultural Identity, London 1996, und Pascale Casanova, The World Republic of Letters, Cambridge, Mass., 2004. Als wesentliche erzähltheoretische Referenz diente Shlomith Rimmon-Kenan, Narrative Fiction: Contemporary Poetics, London 2002.

Der erwähnte Aufsatz von Michael P. Kramer findet sich unter dem Titel Race, Literary History, and the ›Jewish‹ Question, in: Prooftexts 21 (2001), 287–349, mit einer Diskussion seiner Thesen durch Bryan Cheyette, Morris Dickstein, Anne Golomb Hoffmann, Hanna Naveh und Gershon Shaked.

Bei der hier zugrunde liegenden Ausgabe von Barbara Honigmanns Roman *Alles, alles Liebe!* handelt es sich um jene des Deutschen Taschenbuch Verlags (dtv) aus dem Jahre 2003. Der Roman erschien 2000 zunächst bei Hanser in München, er wurde umgehend in den Feuilletons besprochen, vgl. die Rezensionen von Paul Michael Lützeler (Die Zeit, 16.11.2000), Walter Hinck (Frankfurter Allgemeine Zeitung, 28.10.2000), Michael Braun (Neue Zürcher Zeitung, 23.10.2000), Claus-Ulrich Bielefeld (Süddeutsche Zeitung, 5.10.2000) und Yaak Karsunke (Frankfurter Rundschau, 6.12.2000). Charlotte Schallié veröffentlichte eine Rezension in Focus on German Studies 8 (2001), 167–170, Jürgen Verdofsky rezensierte den Text unter der Überschrift »Liebestaumel und Verrat« in Literaturen 12 (2000), 92f.

Für das Kapitel wurden die folgenden Aufsätze zu dem Roman konsultiert: Petra S. Fiero, Life at the Margins of East German Society. Barbara Honigmann's Epistolary Novel ›Alles, alles Liebe!‹, in: Gegenwartsliteratur 2 (2003), 81–102; Ralph Könen, Liebe in zwei Jahrhunderten. Briefromane bei Goethe und Barbara Honigmann, in: Deutschunterricht 54 (2001), 11–15; Gilles Buscot, Lettre et exil dans l'œuvre de Barbara Honigmann, in: Alfred Strasser (Hg.), Voix étrangères en langue allemande, Lille 2006, 141–157; und Petra Renneke, Erinnerte Kindheit im Labyrinth der Sprache. Barbara Honigmanns Roman ›Alles, alles Liebe!‹, in: Weimarer Beiträge 50 (2004), 242–265.

Wichtige Bezugspunkte waren weiterhin die Studien: Guy Stern, Barbara Honigmann. A Preliminary Assessment, in: Dagmar C. G. Lorenz/Gabriele Weinberger

(Hg.), Insiders and Outsiders. Jewish and Gentile Culture in Germany and Austria, Detroit 1994, 329–346; Andreas B. Kilcher, Exterritorialitäten. Zur kulturellen Selbstreflexion der aktuellen deutsch-jüdischen Literatur, in: Sander L. Gilman/Hartmut Steinecke (Hg.), Deutsch-jüdische Literatur der neunziger Jahre. Die Generation nach der Shoah, Berlin 2002, 131–146; Karen Remmler, Engendering Bodies of Memory. Tracing the Genealogy of Identity in the Work of Esther Dischereit, Barbara Honigmann, and Irene Dische, in: Sander L. Gilman (Hg.), Reemerging Jewish Culture in Germany. Life and Literature since 1989, New York 1994, 184–209; Anat Feinberg, Abiding in a Haunted Land. The Issue of »Heimat« in Contemporary German-Jewish Writings, in: New German Critique 70 (1997), 161–180; Helene Schruff, Wechselwirkungen. Deutsch-jüdische Identität in erzählender Prosa der »Zweiten Generation«, Hildesheim 2000; Guy Stern, Literarische Kultur im Exil. Collected Essays on the German-speaking Emigration after 1933 (1989–1997), Dresden 1998, bes. 245–251; Renate Chédin, Nationalität und Identität. Identität und Sprache bei Lea Fleischmann, Jane E. Gilbert und Barbara Honigmann, in: Pól O'Dochartaigh (Hg.), Jews in German Literature since 1945. German-Jewish Literature?, Amsterdam 2000, 139–151; Amir Eshel, Die Grammatik des Verlusts. Verlorene Kinder, verlorene Zeit in Barbara Honigmanns ›Soharas Reise‹ und in Hans-Ulrich Treichels ›Der Verlorene‹, in: Gilman/Steinecke (Hg.), Deutsch-jüdische Literatur der neunziger Jahre, 59–74; Christina Guenther, Exile and the Construction of Identity in Barbara Honigmann's Trilogy of Diaspora, in: Comparative Literature Studies 40 (2003), 215–231; Esther Schneider-

Handschin, History in Memory. Problems of Literary Representation of the Holocaust in the Writing of Ingeborg Bachmann, Barbara Honigmann, and Ruth Schweikert, in: Re-imagining Language and Literature for the 21st Century, Amsterdam/New York 2005, 165–177; Ariane Huml, Ziehende Landschaft[en]. Generationsspezifische Remigration in der Dichtung jüdischer Schriftstellerinnen nach 1945, in: Irmela von der Lühe / Claus-Dieter Krohn (Hg.), Fremdes Heimatland. Remigration und literarisches Leben nach 1945, Göttingen 2005, 217–236; Karen Louise Remmler, Orte des Eingedenkens in den Werken Barbara Honigmanns, in: Gilman/Steinecke (Hg.), Deutsch-jüdische Literatur der neunziger Jahre, 43–58.

Aus der Forschung zu Barbara Honigmann sollten auch diejenigen Studien erwähnt werden, die auf Fragen der Identitätskonstruktion fokussieren: Giulio Schiavoni, Sconfinamenti. Barbara Honigmann. Ebrea, tedesca e altro ancora, in: Rita Calabrese (Hg.), Dopo la Shoah. Nuove identità ebraiche nella letteratura, Pisa 2005, 127–142; Uta Klaedtke/Martina Ölke, Erinnern und erfinden. DDR-Autorinnen und ›jüdische Identität‹ (Hedda Zinner, Monika Maron, Barbara Honigmann), in: Ariane Huml/Monika Rappenecker (Hg.), Jüdische Intellektuelle im 20. Jahrhundert. Literatur- und kulturgeschichtliche Studien, Würzburg 2003, 249–274; Galili Shahar, Figurations of »Unheimlichkeit«. Homelessness and the Identity of »Jews« in Sebald, Maron, and Honigmann, in: Gegenwartsliteratur 3 (2004), 28–45; sowie Hartmut Steinecke, Identitätssuche zwischen Shoah und Gegenwart. Deutsch-jüdische Literatur der neunziger Jahre. Barbara Honigmann und Robert Schindel, in: Peter Wiesinger (Hg.), Zeitenwende. Die

Germanistik auf dem Weg vom 20. ins 21. Jahrhundert. Akten des X. Internationalen Germanisten-Kongresses Wien 2000, Bd. 7: Gegenwartsliteratur. Deutschsprachige Literatur in nichtdeutschsprachigen Kulturzusammenhängen, Bern u. a. 2002, 171–175.

Eine wichtige Quelle sind die poetologischen Reflexionen der Autorin. Darauf hatte bereits Petra S. Fiero hingewiesen: »Manchmal fühle ich mich ein wenig enteignet«. Barbara Honigmanns Auseinandersetzung mit der Rezeption ihrer Werke, in: Germanic Notes and Reviews 36 (2005), 25–33. Die hier konsultierten poetologischen Texte von Barbara Honigmann sind: Das Schiefe, das Ungraziöse, das Unmögliche, das Unstimmige. Rede zur Verleihung des Kleist-Preises, in: Sinn und Form 53 (2001), 31–40; Eine »ganz kleine Literatur« des Anvertrauens, in: Sinn und Form 52 (2000), 830–844; Von meinem Urgroßvater, meinem Großvater, meinem Vater und von mir, in: Paul Michael Lützeler (Hg.), Schreiben zwischen den Kulturen. Beiträge zur deutschsprachigen Gegenwartsliteratur, Frankfurt a. M. 1996, 130–139.

Des Weiteren sind die Texte anlässlich der Verleihung des Kleist-Preises an Barbara Honigmann von Günter Blamberger (Rede zur Verleihung des Kleist-Preises an Barbara Honigmann im Deutschen Theater in Berlin am 14.10.2000, in: Kleist-Jahrbuch [2001], 3–6) und Luc Bondy (»Hier ist es zu schön, da können wir nicht bleiben.«. Laudatio für den Kleist-Preis an Barbara Honigmann, ebd., 7–12) sowie die Studie von Ludwig Harig, Aufbruch in ein neues Leben. Der Weg der Schriftstellerin Barbara Honigmann, in: Neue deutsche Literatur 47 (1999), 154–160, konsultiert worden. Siehe auch: Peter Hamm, Vom verlorenen und wiedergefundenen Mut. Lobrede auf Barbara Honigmann, in: ders., Aus der Gegengeschichte. Lobreden und andere Liebeserklärungen, München/Wien 1997, 122–133.

Jenseits des Politischen

Als Textgrundlage dienten die russische Ausgabe, die 1996 im Moskauer Verlag »Vagrius« erschien, sowie die deutsche Übersetzung des Verlages Volk und Welt, Berlin, von Ganna-Maria Braungardt (Lizenzausgabe im Verlag BLT bei Lübbe, hier die 7. Auflage 2004).

Trotz der positiven Rezension des Bochumer Slawisten Ulrich Schmid (Licht im Dunkel. Ljudmila Ulitzkajas Roman *Medea und ihre Kinder*, in: Neue Zürcher Zeitung vom 22./23.3.1997) gibt es bislang nur eine überschaubare Menge von Forschungsbeiträgen zu dem Roman. Der Aufsatz von Christa Ebert, Medea auf Russisch. Neuerzählungen eines Mythos, in: Zeitschrift für Slawische Philologie 59 (2000), 95–121, ist eine wesentliche Referenz für dieses Kapitel. Zum historischen Hintergrund der jüdischen Kolonien auf der Krim siehe Jonathan Dekel-Chen, Farming the Red Land. Jewish Agricultural Colonization and Local Soviet Power, 1924–1941, New Haven 2005.

Weitere zum Kapitel konsultierte Literatur: Gudrun Goes, Erzählen über Medea, in: Rolf Herkelrath (Hg.), Erzählen in Rußland, Frankfurt a. M. 2000, 213–224; Carola Hilmes, Der Wille zur Differenz. Medea-Mythen im 20. Jahrhundert, in: Peter Wiesinger (Hg.), Zeitenwende. Die Germanistik auf dem Weg vom 20. ins 21. Jahrhundert. Akten des X. Internationalen Germanisten-Kongresses Wien 2000, Bd. 9: Literaturwissenschaft als Kulturwissenschaft. Interkulturalität und Alterität, Bern u. a. 2003, 317–322; Ludger Lütkehaus (Hg.), Mythos Medea, Leipzig 2001; Horst Albert Glaser, Medea. Frauenehre – Kindsmord – Emanzipation. Zur Geschichte eines Mythos, Frankfurt a. M. u. a. 2001; Anja Grothe, Medusa, Cassandra, Medea. Re-inscribing Myth in Contemporary German and Russian Women's Writing, Ann Arbor, Mich., 2001; Johann Holzner, Medea, die Fremde, in: Werner Wintersteiner (Hg.), Europa, Innsbruck u. a. 2004, 78–83; Matthias Luserke-Jaqui, Medea. Studien zur Kulturgeschichte der Literatur, Tübingen 2002; Inge Stephan, Die bösen Mütter. Medea-Mythen und nationale Diskurse in Texten von Elisabeth Langgässer und Christa Wolf, in: Gerhard Fischer/David Roberts (Hg.), Schreiben nach der Wende. Ein Jahrzehnt deutscher Literatur 1989–1999, Tübingen 2001, 171–180; Inge Stephan, Medea. Multimediale Karriere einer mythologischen Figur, Köln u. a. 2006; Bernhard Teuber, Der un/darstellbare Kindermord. Tragische Transgression und Ethnographie der Tragödie am Beispiel der Medea, in: Gerhard Neumann/Rainer Warning (Hg.), Transgressionen. Literatur als Ethnographie, Freiburg i. Br. 2003, 243–255; Hans Jürgen Tschiedel, Medea. Metamorphosen einer Zauberin, in: Brigitte Glaser/Hermann J. Schnackertz (Hg.), Europa interdisziplinär. Probleme und Perspektiven heutiger Europastudien, Würzburg 2005, 147–168; Dorothe Schuscheng, Arbeit am Mythos Frau. Weiblichkeit und Autonomie in der literarischen Mythenrezeption Ingeborg Bachmanns, Christa Wolfs und Gertrud Leuteneggers, Frankfurt

a. M. 1987; Leszek Kołakowski, Die Gegenwärtigkeit des Mythos, München 1973.

Die Studie von Neal Acherson: Black Sea. The Birthplace of Civilisation and Barbarism, New York 1996, ist eine wesentliche Referenz des Kapitels. Das gleiche gilt für die beiden Studien von Michail M. Bachtin: Formen der Zeit im Roman. Untersuchungen zur historischen Poetik, Frankfurt a. M. 1989, und: Chronotopos, Frankfurt a. M. 2008. Die benutzte Ausgabe von Ernst Cassirers *Philosophie der symbolischen Formen* ist diejenige der Wissenschaftlichen Buchgesellschaft, Bd. 1: Die Sprache [1923], Darmstadt [10]1994, Bd. 2: Das Mythische Denken [1925], Darmstadt [9]1994, Bd. 3: Die Phänomenologie der Erkenntnis [1929], Darmstadt [10]1994.

Fragmente des Seins

Textgrundlage dieses Kapitels sind die 1991 bei Keter, Jerusalem, erschienene hebräischsprachige Originalausgabe und die deutsche Übersetzung von Anne Birkenhauer, die 1997 im Rowohlt Verlag veröffentlicht wurde.

Zwei der wesentlichen Referenztexte für dieses Kapitel sind der Aufsatz von Yehudit Barel, »Ma roim ba shuk?«, in: Efes Shtaim 1 (1992), 70–74, und der Essay von Svetlana Boym, Poetics and Politics of Estrangement. Victor Shklovsky and Hannah Arendt, in: Poetics Today 26 (2005), 581–611. Siehe weiterhin Ziva Shavitsky, Yoel Hoffmann's »The Book of Joseph«, »Bernhard« and »Christ of Fish«. An Alternative Perspective on a Migrant Community, in: Australian Journal of Jewish Studies 13 (1999), 151–169; Dan Pagis, Yoel Hoffmann, in: Zafon 7 (2004), 277–293; Tiziana Carlino, Kristus shel dagim. Postmodernismo e Buddhismo Zen nella Prosa di Yoel Hoffmann, in: Annali di Ca' Foscari 43 (2004), H. 3, 25–42; Minna Proctor, Yoel Hoffmann, in: BookForum, Summer 2004 [E-Journal ohne Paginierung]; Karin Neuburger, Textum. Intertextualität in Yoel Hoffmanns »Christus der Fische«, in: Naharaim 1 (2007), 113–130; Nili R. Sharf Gold, Bernhardt's Journey. The Challenges of Yoel Hoffmann's Writing, in: Jewish Studies Quarterly 1 (1993/94), 271–287; Leon I. Yudkin, Fill that Gap. The Space Sage, Yoel Hoffmann, in: Arabic and Middle Eastern Literatures 3 (2000), 77–85; Rachel Albek-Gidron, Ma-Hi ha-Moledet she-bah Meddaberim Hofmanit?, in: Zafon 7 (2004), 67–76, und David Gurevitz, Postmodernism. Culture and Literature at the End of the 20th Century, Tel-Aviv 1997, 262–286 (Hebr.).

Die erwähnte Studie von David Wellberry, »Der Zufall der Geburt. Sternes Poetik der Kontingenz«, stammt aus Gerhart von Graevenitz/Odo Marquard (Hg.), Kontingenz. Poetik und Hermeneutik XVII, München 1998, 291–317. Dort auch der Aufsatz von Hermann Lübbe, Kontingenzerfahrung und Kontingenzbewältigung, 35–47.

In der israelischen Kritik wird das Werk Yoel Hoffmanns regelmäßig besprochen. Für dieses Kapitel wurden die Rezensionen der folgenden Autoren eingesehen: Shulamit Gingold-Gilboa, in: Yedioth Ahronot, 25.12.1987; Shimon Sandbank, in: Haaretz, 22.1.1988; Amnon Navot, in: Maariv, 5.2.1988; Haya Hoffman, in: Yedioth Ahronot, 7.7.1989; Ariel Hirschfeld, in: Haaretz, 31.3.1989; Ariana Melamed, in: Yedioth

Ahronot, 15.3.1991; Galit Hasan-Rokem, in: Davar, 12.7.1991; Batya Gur, in: Haaretz, 12.11.1993; Dror Burstein, in: Haaretz, 11.4.2004.

Ethik der Zugehörigkeit

Textgrundlage für das Kapitel war die spanische Originalausgabe des Romans, die 2001 bei Alfaguara erschien. Die deutsche Übersetzung von Willi Zurbrüggen (Rowohlt 2004) wurde für die Zitate konsultiert, ebenso wie die preisgekrönte englische Übersetzung von Margaret Sayers Peden (Harcourt 2003).

Wichtige Referenztexte für dieses Kapitel waren: Sabine Friedrich, Der Entwurf fiktionaler Spielwelten in Antonio Muñoz Molinas Roman ›Sefarad‹, in Romanische Forschungen 116 (2004), 315–331; David K. Herzberger, Representing the Holocaust. Story and Experience in Antonio Muñoz Molina's Sefarad, in: Romance Quarterly 51.2 (Spring 2004), 85–96; Antonio Gómez López-Quiñones, El Holocausto según Antonio Muñoz Molina. Etica y escritura en Sefarad, in: Ojáncano. Revista de Literatura Española 26 (Oct. 2004), 59–75; Ulrich Winter, From Post-Francoism to Post-Franco Postmodernism. The ›Power of the Past‹ in Contemporary Spanish Narrative Discourse (1977–1991), in: Eloy E. Merino/H. Rosi Song (Hg.), Traces of Contamination. Unearthing the Francoist Legacy in Contemporary Spanish Discourse, Lewisburg, Pa., 2005, 177–198; Epicteto Díaz Navarro, La escritura de la historia. En torno a Sefarad de Antonio Muñoz Molina, in: Insula. Revista de Letras y Ciencias Humanas 688 (Apr. 2004), 19–21; Gero Arnscheidt, La construcción de una historia de España. Uso e invención de ›lieux de mémoire‹ en la obra narrativa y ensayística de Antonio Muñoz Molina, in: Ulrich Winter (Hg.), Lugares de memoria de la Guerra Civil y el franquismo. Representaciones literarias y visuals, Madrid/Frankfurt a. M. 2006, 39–55; Mirtha Laura Rigoni, Los personajes de Muñoz Molina. Historia y sociedad a través de una conciencia, in: Isaías Lerner/Robert Nival/Alejandro Alonso (Hg.), Actas del XIV Congreso de la Asociación Internacional de Hispanistas, vol. III: Literatura española, siglos XVIII–XX, Newark, Del., 2004, 469–474; Mechthild Albert, Oralidad y memoria en la novela memorialística, in: Winter (Hg.), Lugares de memoria de la Guerra Civil y el franquismo. Representaciones literarias y visuals, 21–38; Joan Ramon Resina, Short of Memory. The Reclamation of the Past since the Spanish Transition to Democracy, in: ders. (Hg.) Disremembering the Dictatorship. The Politics of Memory in the Spanish Transition to Democracy, Amsterdam 2000, 83–126; sowie Olga López-Valero Colbert, The Gaze on the Past. Popular Culture and History in Antonio Muñoz Molina's Novels, Lewisburg, Pa., 2007.

Des Weiteren wurden die folgenden Studien zum Werk von Muñoz Molina konsultiert: María-Dolores Albiac Blanco, Citarse con Cervantes. Tradición y memoria en Muñoz Molina, in: László Scholz/László Vasas (Hg.), Cervantes y la narrativa moderna (Actas del Coloquio Internacional de Debrecen, 19–20 de octubre de 2000), Debrecen 2001, 128–145; Hans Felten, El discurso de la ausencia en Antonio Muñoz Molina y Esther Tusquets, in: Anna-Sophia Buck/Irene Gastón Sierra (Hg.), »El amor, esa palabra ...«. El amor en la novela española contemporánea de fin de milenio, Madrid/Frankfurt a. M. 2005, 103–108; Francisco Ernesto Puertas Moya/Ricardo Mora de Frutos, La narrativa española del fin de milenio a la luz de la obra de Antonio Muñoz Molina, in: Ixquic. Revista Hispánica Internacional de Análisis y Creación 5 (Feb. 2004), 1–21; María-Teresa Ibáñez Ehrlich (Hg.), Los presentes pasados de Antonio Muñoz Molina, Frankfurt a. M. 2000; sowie Gero Arnscheidt, Sefarad – ›Patria verdadera‹, in: ders., Schreiben für den Markt. Der Erfolgsautor Antonio Muñoz Molina im spanischen Kulturbetrieb, Frankfurt a. M. 2005.

Für die Frage der ›Leseranrede‹ waren die folgenden Texte wesentlich: Michail Bachtin, Probleme der Poetik Dostojewskis, Frankfurt a. M. u. a. 1985; Jonathan Culler, Apostrophe, in: ders., The Pursuit of Signs. Semiotics, Literature, Deconstruction, London 2001, 135–154; Monika Fludernik, Second-Person Fiction. Narrative *You* as Addressee and/or Protagonist, in: Arbeiten aus Anglistik und Amerikanistik 18/2 (1993), 217–247; dies., Second-Person Narrative, in: Style 28 (1994), 525–548; Sara Gesuato, What's the Reader of a Second-Person Narrative Expected to Do? Discourse Structure and Point of View in Italo Calvino's ›If on a Winter's Night a Traveler‹, in: Language and Literature 22 (1997), 63–91; Barbara Johnson, Apostrophe, Animation, and Abortion, in: Robert Con Davis/Ronald Schleifer (Hg.), Contemporary Literary Criticism. Literary and Cultural Studies, New York 1998, 221–235; Brian Richardson, Poetics and Politics of Second Person, in: Genre 24 (1991), 309–330; ders., I Etcetera. On the Poetics and Ideology of Multipersoned Narratives, in: Style 28 (1994), 312–328; sowie Irene Kacandes, Are You in the Text? The ›Literary Performative‹ in Postmodernist Fiction, in: Text and Performance Quarterly 13 (1993), 139–153.

Für die Diskussion der Bezüge zum Werk Faulkners wurden konsultiert: Cheryl Lester, *If I Forget Thee, Jerusalem* and the Great Migration. History in Black and White, in: Donald M. Kartiganer/Ann J. Abadie (Hg.), Faulkner in Cultural Context. Faulkner and Yoknapatawpha 1995, Jackson, Miss., 1997, 191–217; François Pitavy, Forgetting Jerusalem. An Ironical Chart for ›The Wild Palms‹, in: Michel Gresset/Noel Polk (Hg.), Intertextuality in Faulkner, Jackson, Miss., 1985, 114–127; Karen R. Sass, At a Loss for Words. Addie and Language in *As I Lay Dying*, in: Faulkner Journal 6 (1991), H. 2, 9–21, und Amy Louise Wood, Feminine Rebellion and Mimicry in Faulkner's *As I Lay Dying*, in: Faulkner Journal 9 (Fall 1993 – Spring 1994), H. 1–2, 99–112.

Die erwähnte Reflexion Giorgio Agambens zu Kafka findet sich in: Homo Sacer. Die souveräne Macht und das nackte Leben, Frankfurt a. M. 2002, 60–66.

Schlussbemerkungen

In den Schlussbemerkungen wird noch einmal auf Schklowskis Essay »Die Kunst als Verfahren« (1916), in: Jurij Striedter (Hg.), Texte der russischen Formalisten. Bd. 1: Texte zur allgemeinen Literaturtheorie und zur Theorie der Prosa, München 1969, 2–35 (Russ. und Dt.), Bezug genommen; aus dem Band: Viktor B. Schklowski, Theorie der Prosa, hg. von Gisela Drohla, Frankfurt a. M. 1966, sowie der entsprechenden russischen Ausgabe: Viktor Šklovskij, O teorii prozy [Theorie der Prosa], Moskau 1929, wurden weitere Texte konsultiert.

Zu den Überlegungen am Schluss siehe neben den in den Literaturangaben zur Einleitung zitierten Texten auch Harold Bloom, Jewish Culture and Jewish Identity, in: John Hollander (Hg.), The Poetics of Influence, New Haven 1988, 353; Hanan Hever, Producing the Modern Hebrew Canon. Nation Building and Minority Discourse, New York 2002; Emily Miller Budick (Hg.), Ideology and Jewish Identity in Israeli and American Literature, Albany, N. Y., 2001; Norman Finkelstein, The Ritual of New Creation. Jewish Tradition and Contemporary Literature, New York 1992; sowie Nicholas Mirzoeff, Diaspora and Visual Culture. Representing Africans and Jews, London/New York 2001.

Zu den Autorinnen

Natasha Gordinsky, Jg. 1979, lehrt am Institut für Hebräische Literatur und am Institut für Komparatistik der Hebräischen Universität Jerusalem. 2003 schloss sie ihr Studium der Hebräischen Literatur und der Allgemeinen und Vergleichenden Literaturwissenschaft mit einer Arbeit über Ethik und Poetik im Werk von Marina Zwetajewa und Lea Goldberg ab. Unter der Anleitung von Professor Dan Miron und Dr. Ariel Hirschfeld arbeitet sie derzeit an einem Dissertationsvorhaben über das Œuvre Lea Goldbergs in den Jahren 1935 bis 1945, das mit dem *Rotenstreich Fellowship for Outstanding Doctoral Students in the Humanities* gefördert wird. Ihre Forschungsschwerpunkte liegen im Bereich der hebräischen, russischen und deutschen Literatur des 19. und 20. Jahrhunderts sowie der Literaturtheorie. Sie publizierte unter anderem zu Lea Goldberg, Yehuda Amichai und Giorgio Agamben.

Susanne Zepp, Jg. 1973, ist seit 2003 Leitende Wissenschaftliche Mitarbeiterin und Stellvertreterin des Direktors am Simon-Dubnow-Institut für jüdische Geschichte und Kultur in Leipzig. Nach dem Studium der Romanistik, Allgemeinen Literaturwissenschaft und Neueren Deutschen Literaturgeschichte an der Universität Wuppertal, mit Studienaufenthalten in Ecuador und Spanien, arbeitete sie ab dem Wintersemester 1997/98 als Wissenschaftliche Mitarbeiterin am Institut für Romanistik der Universität Wuppertal, ab dem Sommersemester 2000 am Institut für Allgemeine und Vergleichende Literaturwissenschaft und am Institut für Romanische Philologie der Freien Universität Berlin. Ihre Dissertation *Jorge Luis Borges und die Skepsis* erschien 2003 im Franz Steiner Verlag. 2004 veröffentlichte sie gemeinsam mit Natascha Pomino eine Einführung in die Hispanistik in der Reihe *UTB-Basics* (zweite Auflage 2008). Die Schwerpunkte ihrer Forschung liegen auf Fragen der Literatur- und Kulturtheorie sowie im Bereich der spanischen, portugiesischen und französischen Literatur der Frühen Neuzeit und des 20. Jahrhunderts, der jüdischen Literaturen sowie der lateinamerikanischen Literaturen des 19. und 20. Jahrhunderts. Zurzeit arbeitet sie an einem Habilitationsvorhaben zur Repräsentation jüdischer Erfahrungswelten in den romanischen Literaturen vom Spätmittelalter bis zur Frühen Neuzeit.